社会問題は
「ビジネス」が解決する

塩澤修平・竹下　智

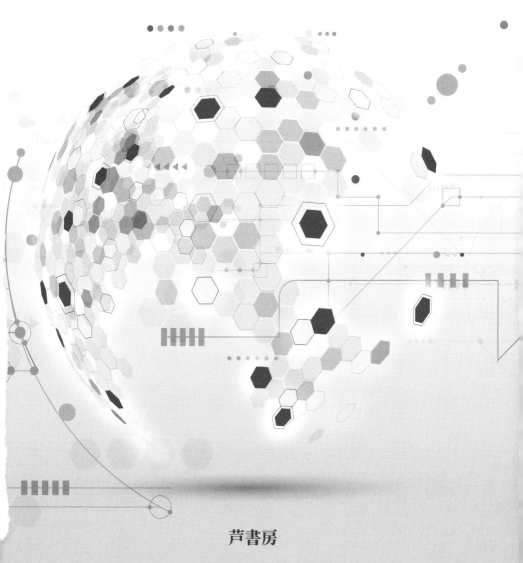

芦書房

はじめに

　本書の基本構想は「社会問題はビジネスが解決する」という発想に基づく。政府による規制、課税・補助金、あるいは NPO や営利企業の社会貢献活動による社会問題の解決といった従来の考え方からの転換を示すものである。例えば、技術進歩を取り入れた保険商品が個人の行動に影響を与え、社会的に望ましい状況が実現することなどを、厚生経済学的な基礎の上で、行動経済学などの成果を取り入れ、多くの事例を踏まえながら、考察、展開する。

　こうした考え方の背景には、技術の発展により、これまで実現不可能であったさまざまな形態の財・サービスの供給、あるいは価格付けが可能となったことが挙げられる。それらを用い、広い意味での市場によって、すなわち供給側も需要側も誘因に基づいて、自発的に行動することによって、結果的に社会問題を解決し、公平で持続可能な社会を実現する仕組みを考察する。

　従来の営利企業による社会貢献の多くは、利益の一部や顧客の購入代金の一部を寄付することであった。しかしながら、これらの寄付は「富の再配分」であり、新しい価値は生み出せない。その寄付に依存する NPO も同様である。

　もちろん、企業にとって、社会貢献とビジネスをすぐに結びつけることは容易ではない。いかに企業が利益追求である自社のビジネス活動の中に、社会貢献、社会問題の解決を「付け足し」ではなく「埋め込む」ことが出来るかを考えていくことが望まれる。

そのような中、ビジネスが結果として社会的問題の解決に寄与している事例が見られる。これらを可能にしているのは、斬新なアイデアと新しいテクノロジーである。本書では、いくつかの事例を取り上げ、企業として利益追求と社会問題解決への貢献を同時に行うアイデアについて考察を行う。

　なお、本書の出版に当たっては、慶應義塾経済学会からの出版助成を受けた。心からの誠意を表せていただきたい。

慶應義塾大学名誉教授

東京国際大学学長　塩澤修平

(株)野村資本市場研究所 主任研究員　竹下　智

目 次

第Ⅰ部
従来型市場機構の意義と限界

第1章
総合社会システム

1-1 市場システム・政治システム・狭義の社会システム
──市場（自助）、政治（公助）、狭義社会（共助）

○広義の社会システム

　社会におけるさまざまな制度や仕組み、あるいはそれらに付随するさまざまな組織をここでは「広義の社会システム」と呼ぼう。広義の社会システムは、①市場システム（自助システム）、②政治システム（公助システム）、そして③狭義社会システム（共助システム）に大別することができる。まず、それぞれのシステムの特徴を簡潔にみていく。

○市場システム

　市場システムとは、家計や企業など経済社会に存在する個別意思決定主体が、他からの強制を受けず、基本的に自発的意思に基づいてさまざまな経済取引を行う場である市場と、それを規定する法律や制度などを指す。もちろん、各種の課税あるいは違法行為に対する取り締まりや罰則などは、強制力をともなうものであるが、それらは後述する政治システムと重なり合う部分であると考えられる。市場システムにおいては、各意思決定主体が主として利己的な動機に基づいて、自己責任により生産や交換そして消費を行い、社会における資源配分の多くが決められている。

　市場システムの長所としては、後に詳しく考察する「厚生経済学の基本

定理」で示されるような資源配分におけるある種の効率性の達成、経済的選択の自由が比較的確保されていること、取引される財・サービスの多様性あるいは柔軟性が大きいことなどが挙げられる。短所としては、外部性などにより市場が存在しない場合に意思決定主体が意図しない被害などを受ける可能性があること、独占などによって競争条件が満たされていない場合は効率的な資源配分が達成されないこと、あるいは分配の不平等さや社会の構成員の間で格差が生じやすいことなどが挙げられる。

○政治システム

　政治システムとは、中央政府や地方自治体などの意思決定主体により、法律や条例に基づいて強制力をともなう形で、国防や治安の維持などを担い、また課税や規制などさまざまな形で市場における自由な経済活動に介入する仕組みを指す。

　その正統性すなわち強制力の根拠、および機能は日本を含む多くの国々において普通選挙による議会制民主主義に基づいており、立法、行政、司法に分けられる。政府や自治体は前述した市場システムの欠陥を補完あるいは是正するために、選挙などによる合意を前提としたうえで、課税や違法行為に対する罰則などの強制力をもつ形で、本来は自由な経済活動に基づく資源配分問題に介入する。それは国防や治安の維持など、市場システムや狭義社会システムでは供給不可能なサービスを供給することと、課税や補助金などによる所得の再分配、市場におけるルール作りといった形態をとる。

　政治システムの長所としては、短期的な利潤最大化行動をとる営利企業が多いといえる市場システムと比較して、政府や自治体が提供する財・サービスの継続性や普遍性が大きいこと、また公平性がより保たれていることなどである。短所としては、ある意味では長所の裏返しといえるが、提供

される財・サービスの画一性や硬直性などであり、きめ細やかな多様性や臨機応変の対応には一般的にやや劣ると考えられる。

○狭義社会システム

　狭義社会システム（共助システム）とは、人間の愛や利他性あるいは相互性に基づき、非営利組織（NPO）や個人ボランティアあるいは企業の社会貢献活動などの形で、市場システムや政治システムでは十分に供給されないような財・サービスが提供され消費される仕組みを指す。そこでは法律や強制力だけではなく、社会的な慣習や暗黙の契約、あるいは当事者間での自発的な合意によって秩序が保たれている。

　狭義社会システムの長所としては、個々の利用者の選好や置かれている状況に対してより合致した、きめ細やかな質の財・サービスの提供、人間愛や思いやりに基づく統合機能などが考えられる。短所としては、ある意味での個性の抑圧や実質的な集団的強制、あるいは部外者に対する事実上の差別と排除などの可能性が大きいことなどが挙げられる。

○システム間の役割分担と補完

　これらのシステムは、解決が求められているさまざまな社会問題に対して、それぞれのシステム単独あるいは複数のシステムが部分的に重なり合って対応していると考えられる。

　市場システムと政治システムが重なる部分は、例えば社会保障制度のもとで機能する医療システムである。医療費のかなりの部分は政治システムの一環である医療保険によって負担されるが、実際にサービスを受ける医療機関は患者が市場システムのなかで自由に選択することができる。

　政治システムと狭義社会システムが重なる部分は、自治体などによる公的福祉とボランティアの協力による高齢者介護や、自然災害の被災者に対

する救護・支援などがある。それらのサービスについては、利用者の間での個人差が大きく、それぞれの利用者の状況に応じたきめ細やかな対応が望まれる分野である。

　狭義社会システムと市場システムが重なる部分は、営利企業による、短期的な利潤獲得を目的としない社会貢献活動などが挙げられる。営利企業が市場システムにおいて利潤最大化のために獲得した顧客に関するさまざまな情報や技術を、非営利的な社会貢献活動に用い、その社会貢献活動がまた消費者の評価などによって長期的な利潤の増加に結びつくような場合である。

図1−1. 総合社会システム

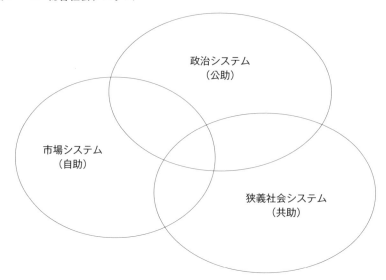

このように、それぞれのシステムの特徴を踏まえた上で、どのような社会的課題に対して、どのようなシステムと行動主体、あるいはその組み合わせが対応すればよいかを考察する必要がある。

　政府でなければ対応できないこと、市場によって最も効率的に対応できること、非営利組織やボランティアあるいは営利企業の社会貢献活動によってよりきめ細かく対応できることなど、解決を要すべき問題によって、適するシステムあるいは行動主体は異なる。それらを考察すること、そして特に、さまざまな分野における技術進歩により、これまでは不可能であったが、営利企業がビジネスの形で社会問題を解決する状況を、事例を踏まえて詳細に考察していくことが本書の基本的な課題である。

1-2 システムの適合性を判断する際の基準あるいは留意点

○システムの適合性

　これまで述べてきたように、それぞれのシステムは異なる特質をもっている。どのような社会的課題に対して、どのシステムでの対応が望ましいかを判断する際に基準となる事柄、また留意すべき点を考察する。それらを踏まえて、最適と考えるシステムによって課題の解決を図ることが望ましいと考えられる。

○誘因の付与：参加主体にどのような誘因を与える仕組みになっているか

　何らかの目的を達成するためには、参加主体が自発的に行動するような誘因が与えられていなければ持続可能とはいえない。誘因には金銭などの経済的利益、そして名誉、生き甲斐、楽しみなどの非経済的利益が考えら

れる。

　例えば格差の是正といった、結果としての平等を重視しすぎると、創意
工夫しリスクを取って富を生み出すための誘因が損なわれかねない。各人
の努力が相応に報われる社会でないと、人々の努力は続かない。市場シス
テムは、生産者相互の競争と消費者の選択の自由によって、質の高い財を
低価格で供給することに対する、利潤獲得という形の経済的な面での誘因
が得られやすいシステムといえる。

　非経済的な、名誉などの誘因は、学術や芸術などさまざまな分野での叙
勲や顕彰制度をもつ政治システムがその付与に適しているといえるが、他
方で民間の財団などによる各種の権威ある「賞」も存在し、相応の組織が
あれば狭義社会システムでの対応も十分可能といえる。

○必要な情報の質と量：どのような情報が必要か

　何らかの目的を達成するためには、それに対する適切な情報が必要であ
る。必要とされる情報の量と質は、目的およびそれを達成するためのシス
テムによって異なる。例えば市場を活用せずに、政治システムで経済運営
までも行う計画経済体制では、各消費者の選好および能力、生産技術など
に関する膨大な情報が必要となる。これに対して市場システムであれば、
市場における価格に多くの情報が集約される。基本的に他人の選好や能力
を直接知る必要はない。

　市場システムにおける多くの営利企業は、利潤獲得のために顧客や技術
に関する多くの情報とその分析能力を有している。他方でそれらが、狭義
社会システムにおける営利企業の社会貢献活動にも効力を発揮し、非営利
活動を基礎とする NPO などにはない優位性をもつと考えられる。

　政治システムにおいては、国民の選好に関する情報は選挙によって顕さ
れ、共有される。そしてその情報に基づいてさまざまな法律や政策が立案

され、実行される。ただし、有権者が自分たちの選好について必ずしもつねに真の情報をもっているとは限らない。また、異なる選好をもつ多数の構成員からなる社会において、社会的選好を導出する問題はきわめて重要であり、それに関して多くの研究がなされている。

○強制力：どの主体がどのような強制力をもっているか

市場システムや狭義社会システムは、基本的に参加主体の自発的な行動に基づいているが、それらの主体は他者に対する強制力はもっていない。しかし、それらのシステムが有効に機能するためには、参加主体の自発的な行動の自由を保障する、社会の秩序が維持されなければならず、そのためには強制力が必要となる。すなわち、強盗や詐欺行為などの、他の参加主体の意思に反するような行動を抑制し排除しなければならない。

政治システムは、その強制力をもった組織を含む主体から構成されている。それがもつ強制力により非合法行為を取り締まり、あるいは抑止力によってそうした行為を未然に防いでいる。他方で通常、法的あるいは実質的な強制力は、相互にチェック機能が働くような仕組みになっており、そうした強制力が不適切に使用される危険性を未然に防ぐ役割を果たしている。

○意思決定過程：誰が、いつ、どのように決定するか

それぞれのシステムにおけるさまざまな意思決定に関して、迅速性、透明性、責任の所在などを考慮する必要がある。

市場システムでは、供給者、需要者ともに自己責任に基づいて意思決定する。迅速性はきわめて重視されているといえる。それは、消費者の選好や技術の変化に対応する意思決定の迅速性が利潤の獲得に密接に関係しているからである。透明性については企業ごとに異なるといえるが、株式会

社の場合には株主総会などの場で適切な説明を行うことが求められている。

　政治システムでは、選挙や議会の審議が意思決定の基礎になる。議会・行政組織が、選挙によって反映されると考えられる、構成員の意思を考慮して決定する。それらは、必ずしも迅速性があるとはいえないが、透明性や責任の所在は相応に明確である。ただし、法律の範囲内における行政の実務に関しては、透明性や責任の所在が明確でない場合が多いと思われる。東京都の築地市場移転問題がその典型例といえる。意思決定の各段階での責任者が明らかではない。また、前述したように有権者が真の情報や専門的な知識を有しているとは限らない。

　狭義社会システムでは、NPOなどの参加主体によって意思決定過程はそれぞれ異なり、透明性や責任の所在は必ずしも明確ではない。営利企業の社会貢献活動の場合には、利潤の獲得を直接的な目的とはしていないが、市場システムと同様の過程で意思決定がなされると考えられる。

○リスクへの対処：誰が、どのように対応するか

　一般にリスクとは、将来の時点でどんな事象が起るかわからないという不確実性が存在するなかで、何らかの形で確率的に予想が可能な状況を指す。地震や台風といった自然災害、あるいはテロ、領海・領空侵犯など、さまざまなリスクに備えて対処することはきわめて重要な社会的課題である。

　政治システムは、社会構成員の生命財産に対する直接的な危機に対応する基本的な役割を果たすことが期待されている。災害時における人命救助、テロにおける容疑者の拘束など、非常事態における危険かつ強制力をともない、高度な技術を要する行動は、政治システム以外のシステムで取ることは通常きわめて困難である。そのためいくつかの組織ではそうした事態に対応するために相応の施設と装備をもち、専門的な訓練がなされた人員

で構成されている。

　市場システムにおけるリスクへの対処は、さまざまな保険関連商品や危機に対応した財・サービスによって自発的になされている。

　市場システムと狭義社会システムは、非常事態において政治システムの補完として、本来は営利目的で生産され有償で供給されるべき、必要な財・サービスを非営利ベースで供給する役割が期待されている。

1-3　各システムにおける意思決定主体の行動原理

　ここでは、各システムにおいて個々の意思決定主体がどのような原理の下で行動しているかを考える。

○市場システム

　営利企業：技術的制約の下で利潤最大化あるいは発行済み株式価値の最大化を目的とすると考えられる。どの程度の時間軸で目的達成の度合いを評価するかは企業によって異なり、株主の意向や経営姿勢に関係する。きわめて短期的な利潤最大化行動か、中長期的な視野をもつかで、投資行動や社会貢献活動などは大きく異なる。これについては第5章でより詳しく考察する。また、従業員と経営者、あるいは経営者と株主の間で情報の共有と利害の一致が必ずしも確保されておらず、プリンシパル・エージェント（principal-agent）問題と呼ばれる状況がしばしば生じる。

　個人（消費者）：予算制約の下で効用最大化を目的とすると考えられる。ここでもどのような時間軸で目的達成の度合いを評価するかは行動に影響する。それは、現在の財と将来時点で入手可能な財を相対的にどのように評価するかという、心理的・主観的要素である時間選好という概念で考察することができる。また、時間を通じての最適化行動においては将来の事

象について不確実性が存在するので、各消費者の危険に対する姿勢も問題とされる。それらによって、現在の消費と、将来の消費を目的とする貯蓄や投資行動が決定される。

○政治システム

政府・自治体：世論、選挙の結果に基づき、国民の生命財産を守るという基本的な役割を含む、あるべき社会の実現を目指すと考えられる。

個人（一般公務員など）：組織内での評価、法的制約の下での使命感などを含む、各個人独自の目的関数の最大化と考えられる。

議会・議員：世論、選挙における得票数に従いつつ、各個人の価値観に基づいたあるべき社会の状態の実現を目指すと考えられる。

○狭義社会システム

NPO：使命感、問題意識などを含む、それぞれの組織のもつ独自の目的関数の最大化と考えられる。特定の社会的な問題の解決を目的とする組織も多く存在する。

個人（ボランティアなど）：利他的効用、すなわち自分の消費だけでなく他人の消費や他者への寄付そのものから得られる効用の最大化を目的とすると考えられる。すなわちそこには消費における外部性が存在するといえる。そうした利他的効用関数に基づく消費者行動の理論については塩澤〔2018年〕で詳しく考察されている。

営利企業：社会的責任、社会貢献活動により長期的利潤の最大化を目指す「見識ある自己利益」に基づくものと考えられる。それは顧客や労働市場における潜在的な被雇用者の評価によるものであるが、これらについても第5章で考察する。

1−4 各システムにおける意思決定主体に対する評価基準

　各システムにおける意思決定主体に対する評価がどのような基準の下でなされるかを考える。

○市場システム

　営利企業：利潤、配当、株価などであり、明確な数値によって表され、原則的に公開情報として開示されている。株価は、将来の配当などに関する期待を含めて、市場におけるその企業に対する評価を反映したものである。

○政治システム

　政府・自治体・首長：選挙における得票数、あるいは支持率などであり、それらは一般に公開情報である。適正に行われた選挙は有権者の評価を直接反映したものであり、いわゆる民意を表したものと考えられる。

　個人（一般公務員など）：個人の組織内での評価、そしてそれが反映される地位・役職が1つの基準と考えられる。

　議会・議員：個人にとっては選挙における得票数と当落であり、政党にとっては当選人数である。

○狭義社会システム

　NPO：その組織に対する寄付額が、社会によるある種の評価を表す。1つの方法はパブリック・サポート・テスト（Public Support Test: PST）と呼ばれるもので、組織の経常収入に占める寄付金などの収入の比率を計算する。PSTは、NPOによる活動に対する公益性の評価は、政府部門では

なく民間部門が行うという考えに基づいている。その民間部門による評価を反映したものが民間からの寄付金などの収入とされる。他方、組織の活動による目的達成の効果については、いろいろな研究がなされているが、多くの場合、実際の測定は難しい状況である。

　営利企業：顧客や労働市場における社会的評価や長期利潤額が基準と考えられるが、長期をどのくらいの期間で捉えるかという問題がある。前述したように株価は本来、市場システムに関しての評価であるといえるが、社会貢献活動などの狭義社会システムに関しての評価も反映されていると考えられる。

　市場機構を通して、企業の経営者に対し社会的責任に配慮した持続可能な経営を求めていく投資を「社会的責任投資」と呼ぶが、それについては第5章でより詳しく考察する。その際に、投資対象を選択する投資基準として、社会問題に対する経営の取り組みなども考慮される。

第2章
市場の仕組みと
厚生経済学の基本定理

2-1 経済社会において生産・消費される財の性質と配分の仕組み

○排除性と競合性による財の分類

　社会において用いられる財の性質は、排除性と競合性という観点から以下の表2-1で示されているように4種類に大別される。排除性とは料金や対価を支払わない人など、ある特定の人をその財の消費から排除することが容易であるような性質を指す。競合性とは、ある人がその財を消費すれば他の人はそれを消費できないという性質を指す。

表2-1. 財の類型

	競合性	非競合性
排除性	私的財	自然独占（クラブ財）
非排除性	共有資源	公共財

　私的財：排除性と競合性をともにもつ財で、食料品など日常生活で用いられる財の多くはこの性質をもっている。市場では対価を支払わない人に消費をさせないことが容易であり、誰かが消費した財を他の人が消費することはできない。

　公共財：排除性と競合性をともにもたない財で、国防や治安の維持ある

いはある種の情報など、一度供給されると誰でもが自由に消費できる性質をもつ。対価を支払わない人を消費から排除することは不可能あるいはきわめて困難である。

共有資源：私的に消費されるため競合性はもつが、他の人による消費を排除せずに、自由な利用が可能である。酪農家が自由に利用できる牧草地が古典的な例であり、公海での漁業資源なども含まれる。

自然独占：排除性はあるが競合性のない財であり、例としてはある種の情報通信サービス、水道などが挙げられる。「水」自体は競合性があり私的財であるが、「水道管」を通じていつでも水を利用できるサービスという意味では、隣人とともに消費することが可能であり競合性はない。こうした財の供給には多くの場合に巨額の設備投資が必要であり、地域において必然的に独占状態が生じやすい。このような状態を自然独占という。もちろん、複数の情報通信会社が並存しているように、必ずしも独占になるとは限らないが、こうした性質をもつ財をここでは便宜的に自然独占と呼ぶ。

クラブ財（限定された人々による共同消費の対象）：特定の人のみを対象とし、他の人々の消費を排除することができるので排除性はもつが、その中では互いに競合しないで消費できるので、財の性質としては自然独占の範疇に含まれる。ある意味では私的財と公共財の中間に位置づけられる。

○社会的観点による財の分類

以上のような、物理的な特性に基づく分類とは別に、社会的観点から消費が本来的に望ましいと思われる財が存在する。そのような観点から、政府などにより供給され、ある種の強制的な消費が望ましいと考えられる財を価値財と呼んでいる。

価値財：市場システムによっては十分に供給されず、政治システムや狭義社会システムによって何らかの介入が望ましいと考えられるような性質

をもつ。一般に消費者は必ずしも自分にとって真の最適な行動を取るとは限らない。第1章で述べたように消費者が十分な知識をもっていない場合もあるが、例えば喫煙が健康を害する可能性が高いことを知っていながら喫煙を続けるような場合もある。また伝染病の蔓延を防ぐための、消毒や患者の隔離などさまざまな措置によって、負の外部効果を抑えることも必要である。このような場合には、たとえ消費者の自発的な意思に反したとしても、政府などによる介入が望ましいと考えられる。価値財の例としては、健康診断、予防接種、シートベルトの着用、初等教育などが挙げられる。また、消費者の意志に反して消費の抑制が望まれる「負の価値財」の例として麻薬、タバコなどが挙げられる。

○財の類型と配分に関する各システムとの関係

私的財：主として市場システムにより供給され、対価を支払った人々に分配され消費される。場合によって狭義社会システムにより供給が補完され、低価格あるいは無償で分配されることもある。

公共財：主として政治システムにより税などを財源として供給され、多数の社会構成員により共同消費される。

共有資源：主として政治システムにより管理・基準が設定され、市場システムにより利用される。

自然独占：主として市場システムあるいは政治システムにより供給され、市場システムによる供給の場合でも、政治システムにより価格設定や品質面などで管理されることがある。

クラブ財：主として市場システムあるいは狭義社会システムにより供給され、限定された人々により共同消費される。

価値財：主として政治システムにより供給されるか、あるいは市場システムにより供給される場合でも、自発的ではなく強制力をともなう消費と

いった形で、政治システムにより管理される。

○各システムにおける供給についての基本原則

　市場システム（自助）：営利企業による利潤最大化行動として、需要する自発的意思をもち対価を支払った人に対してのみ供給され、消費される。

　政治システム（公助）：政府・自治体が議会の承認を受けた予算案に基づき直接供給するか、あるいは営利企業やNPOにより請負として供給される。受益者が対価を支払う場合と無償の場合の両方が存在する。価値財のように、受益者の意思とは無関係に供給され、強制的に消費される財もある。

　狭義社会システム（共助）：NPO、営利企業による社会貢献活動として、それぞれ独自の目的を達成するために供給される。対価を支払う場合と無償の場合の両方が存在する。誰に対して供給されるかは、主として供給者側の判断に基づく。

○各システムにおける負担についての基本的原則

　市場システム：消費者あるいは受益者が自己負担する。負担しない者による消費は原則的に排除される。

　政治システム：社会の構成員が納めた税金による。納税についての考え方には応能説と応益説がある。応能説では、負担と受益に直接の関係はなく、所得額など負担能力に応じて負担額が決められる。他方、応益説あるいは利益説では租税負担は各人が政治システムにおいて享受している利益の対価であると捉え、受益に応じて負担額が決められる。

　狭義社会システム：寄付・ボランティア行為など、自発的であるが自己の利益には直接結びつかない行為により負担される。営利企業による負担には「見識ある自己利益」とされる長期利潤最大化に対する誘因に基づく

ものも考えられる。

2-2 市場の類型

○供給者数による市場の分類

　現実の経済にはさまざまな特徴あるいは構造をもつ市場が存在する。それぞれの市場における供給者の数によって、社会全体に存在する市場の構造を分類することができる。まず、供給者数が1である場合を完全独占あるいは単純独占、複数であるが少数の場合を寡占、寡占のなかで供給者数が2の場合をとくに複占と呼び、需要者数が1である場合を需要独占と呼ぶ。また、ほぼ同じ質の財でありながら、デザインやアフターサービスなどの面で、他企業の製品と異なる財が供給されていることを製品差別化という。多数の供給者と需要者が存在しながら、それぞれの企業が差別化された製品を供給しているような市場の構造を独占的競争と呼ぶ。独占的競争市場では個々の企業は、その企業が供給する差別化された財に対する独自の需要関数に直面している。

　多数の供給者と需要者がおり、以下の条件を満たす市場を完全競争市場という。(1) 個々の経済主体は、市場全体への影響力が小さいため、価格を与えられたものとして行動する、(2) 個々の経済主体は、財の価格や質について完全な情報をもっている、(3) 売買される財は全く同じ質をもっている、(4) 市場への参入と市場からの退出が自由である。

　上述のように、供給者の数や製品差別化の程度などにより、市場構造は表2-2で示されるように分類される。

　現実の経済では、完全競争市場の存在は稀であり、多くの市場において、競争はなんらかの意味で不完全である。競争が不完全であれば、各経済主体は価格に対して、少なくともある程度は影響を及ぼすことが可能である。

この価格に対する影響力は、以下の2つの要因に基づくものと考えられる。第1は、市場における参加主体の数が比較的少なく、各主体のもつシェアが大きい場合である。第2は、製品差別化がなされており、上述したように各企業が独自の需要関数に直面している場合である。

完全競争市場は参入・退出に対する障壁ならびに製品差別化が存在しないような市場である。他方、完全独占は参入障壁がきわめて高い市場であり、寡占市場は一般にその中間であるといえよう。独占的競争市場は、参入・退出に対する障壁が存在しないか、あるいはきわめて低い市場であるが、製品差別化によって各企業は供給する財に対する価格支配力をもっている。

表2−2．市場構造

	供給者数	参入の難易度	製品差別化の程度	価格支配力	例
完全独占	1	不可能	なし	規制一部あり	水道特許を持つ薬剤
寡占	少数	困難	あり ほぼなし	あり あり	車・家電 鉄鋼・石油
独占的競争	多数	容易	あり	あり	外食
完全競争	多数	容易	なし	なし	農業・水産業

○参入障壁

市場における企業数は、その市場がどのような参入障壁をもつかに依存する。参入障壁としては以下のものがある。

① 政府・公共団体による規制

② 生産に必要な資源の1企業による独占的な所有

③ 規模の経済に基づく平均費用逓減

このなかで①の政府・公共団体による規制は、電力・ガスなどいわゆる公益事業によくみられるものである。また、政治システムにおける特許により法的に保護されて、他の企業の参入が禁じられる場合や、提供されるサービスの質を確保するために設けられた医師や弁護士の免許制度も①の例と考えられる。

　②の例としてしばしば挙げられるのは、第2次大戦前のアルミニウム産業である。原料であるボーキサイトが1つの企業によって独占的に所有されていた。

　③の規模の経済とは、生産規模を拡大したときに産出量が規模の拡大以上の比率で増大することをいう。したがって平均費用は規模の拡大とともに大きく低下していく。こうした事例は大量の資本設備など高い固定費用を必要とする産業でよくみられるもので、小規模生産では平均費用がきわめて高くなり、新規に参入しようとしても既存企業に対抗できず、逓減する費用曲線のかたちそのものが自然な形で参入障壁となっている。また研究開発が重要な意味をもつハイテク産業も、成功までに支払われた費用が固定費用となり、規模の経済を発生させる。前述したように、自然独占という語は財の分類としても用いたが、③の要因による独占についても自然独占と呼んでいる。

○サンク・コストと退出

　退出についての障壁も考慮されなければならない。通常、ある既存企業がその産業から退出する場合、それまでに投下してしまった資金の一部は回収不可能であり、退出にともなって必要とされる費用と考えられる。回収不可能な費用をサンク・コスト（sunk cost：埋没費用）といい、それが高いほど退出についての障壁も高い。固定費用は高いがサンク・コストの低い産業の例として挙げられるのが航空産業である。中古機市場が存在す

れば、退出しようとする企業は保有機をすべて売却することにより、投下資金のかなりの部分を回収できる。

2-3 厚生経済学の基本定理

○「神の見えざる手」

市場機構を規範的な分析の観点から評価する。競争市場では、消費者や生産者などのすべての意思決定主体は、価格を与えられたものとして、利己的な行動——消費者であれば予算制約の下での効用最大化行動、生産者であれば技術的な制約の下での利潤最大化行動——をとると考えられる。そうした行動の結果として実現される競争均衡においては、適当な条件のもとである種の効率性が満たされることが示される。こうした考えはスミス（A. Smith, 1723-1790）以来、伝統的に「神の見えざる手」の働きであると表現されてきたものであり、現在では厚生経済学の基本定理として知られている。

○配分と選好

社会には n 人の消費者および m 種類の私的財が存在するものとする。単純化のためここでは生産活動を考えず、交換経済を想定する。消費者 i の消費量を

$$x_i = (x_i^1, ..., x_i^m) \qquad (2-1)$$

で表す。すべての消費者の消費量の組み合わせを

$$x = (x_1, ..., x_n) \qquad (2-2)$$

で表し、配分と呼ぶ。各財は当初、各消費者によって一定量を保有されて

おり、それが市場において交換され、消費されるものと考える。消費者 i の初期保有量を

$$\omega_i = (\omega_i^1, ..., \omega_i^m) \qquad (2\text{-}3)$$

で表し、すべての消費者の初期保有量の組み合わせを

$$\omega = (\omega_1, ..., \omega_n) \qquad (2\text{-}4)$$

で表す。

定義$2\text{-}1$. 配分 $x = (x_1, ..., x_n)$ は、$\sum_i x_i \leq \sum_i \omega_i$ であるときに達成可能である。

消費者 i の選好は効用関数

$$u^i(x_i) \qquad (2\text{-}5)$$

によって表されるものとする。

○市場における消費者の効用最大化行動

完全競争市場を考え、財の価格を

$$p = (p_1, ..., p_m) \qquad (2\text{-}6)$$

で表す。

消費者の行動は、価格を所与とした予算制約下の効用最大化問題として以下のように定式化される。

$$\max. u^i(x_i)$$

$$s.t. \sum_{k=1}^{m} p^k x_i^k \leq \sum_{k=1}^{m} p^k \omega_i^k \qquad (2\text{-}7)$$

○競争均衡

定義 2－2．競争均衡とは価格 p^* と達成可能な配分 x^* との組み合わせ (p^*, x^*) で以下の条件を満たすものである。

（ⅰ）効用最大化

各消費者について x_i^* は

$$\max. u^i(x_i)$$

$$s.t. \sum_{k=1}^{m} p^{k*} x_i^k \leq \sum_{k=1}^{m} p^{k*} \omega_i^k$$

$$i = 1,...,n$$

の解である。

（ⅱ）需要と供給の一致

各財について

$$\sum_{i=1}^{n} x_i^{k*} = \sum_{i=1}^{n} \omega_i^k$$

$$k = 1,...,m$$

○パレート効率性

配分を規範的な観点から評価する基準を考える。

定義2−3. 達成可能な配分 x は、すべての消費者 i について

$$u^i(y_i) \geq u^i(x_i)$$

かつ少なくとも一人の消費者 j について

$$u^j(y_j) > u^j(x_j)$$

が成り立つような達成可能な配分 y が存在しないとき、パレート効率的である。

すなわち、パレート効率的な配分とは、ある消費者の効用を上げるためには、他の誰かの効用を下げざるを得ないような配分である。

○厚生経済学の基本定理

「神の見えざる手」として表現されてきた市場機構の機能を、パレート効率性の概念を用いて理論的に表現する。

定義2−4. 消費者の選好は $y_i \geq x_i$ かつ $y_i \neq x_i$ が、$u^i(y_i) > u^i(x_i)$ を意味するならば厳密に単調であるという。

選好が厳密に単調であれば、どのような財であっても消費量が少しでも増加すれば効用は増加する。

定理2-1.（厚生経済学の第一基本定理）

各消費者の選好が厳密に単調であるとき、競争均衡配分 x^* はパレート効率的である。

証明. 競争均衡配分 x^* がパレート効率的でないとし、矛盾を導く。定義2-3より、配分 x^* がパレート効率的でないならば、達成可能な配分 y が存在し、すべての消費者 i について

$$u^i(y_i) \geq u^i(x_i)$$

かつ少なくとも一人の消費者 j について

$$u^j(y_j) > u^j(x_j)$$

が成り立つ。選好が厳密に単調であるので、すべての消費者 i について

$$p^* y_i = \sum_{k=1}^{m} p^{k*} y_i^k \geq \sum_{k=1}^{m} p^{k*} x_i^k{}^* = p^* x_i^*$$

となり、少なくとも一人の消費者 j について

$$p^* y_j = \sum_{k=1}^{m} p^{k*} y_j^k > \sum_{k=1}^{m} p^{k*} x_j^k = p^* x_j^*$$

となる。したがって、それらをすべての消費者について合計すると

$$\sum_{i=1}^{n} p^* y_i > \sum_{i=1}^{n} p^* x_i^*$$

となる。競争均衡の定義4-2（ⅰ）、および選好が厳密に単調なことから

$$p^* x_i^* = \sum_{k=1}^{m} p^{k*} x_i^{k*} = \sum_{k=1}^{m} p^{k*} \omega_i^k = p^* \omega_i$$

が成立するので

$$\sum_{i=1}^{n} p^* y_i > \sum_{i=1}^{n} p^k x_i^* = \sum_{i=1}^{n} p^* \omega_i$$

が成立する。これは配分 y が達成可能ではないことを意味し、配分 x^* が
パレート効率的でないとした想定に矛盾が生じる。

（証明終了）

第**3**章 市場の失敗と 市場機構補完の試み

3-1 市場の失敗の要因

○基本定理の含意

　厚生経済学の基本定理は、市場機構の効率性を端的に表している。しかし、このことからただちに市場機構にすべての経済運営を任すことが望ましいとはいえない。この定理の主張は、適当な条件のもとでは競争均衡配分はパレート効率的になる、というものであるが、しかし現実には多くの市場において、生産者の数が1あるいは少数の独占や寡占の状態であり、また財に関する情報も完全ではなく、したがって完全競争ではない。あるいは市場そのものが存在しない財も多い。

　さらに基本定理で求められている条件が満たされていない場合には、たとえ競争市場であっても、均衡配分は必ずしもパレート効率的にはならない。

　ではどのような場合に、競争均衡配分はパレート効率的にならないのであろうか。代表的な要因として公共財と外部効果の存在が挙げられる。

　前章で述べたように、公共財は排除性と競合性が働かないような財である。したがって、ひとたび財が供給されると、対価を支払っていない人を消費から排除することが困難であり、誰でも自由に消費することができる。そのため、対価を支払う誘因が小さく、「ただ乗り問題」が生じる。営利企業にとっては利潤獲得が期待できないため、多くの場合に公共財を供給す

る経済的な誘因が存在しない。したがって市場においては一般に効率的な配分がなされない。

　また、ある主体の活動が、市場を通さずに他の主体に影響を与える現象を外部効果という。他の主体の効用や生産性を上げるような外部効果を外部経済、効用や生産性を下げるような外部効果を外部不経済という。大気汚染や水質汚染など「公害」と呼ばれる現象の多くは外部不経済と考えられる。外部効果はそもそも市場が存在しないため、厚生経済学の基本定理は適用されない。

　この公共財および外部効果の問題については次節以降でより詳しく考察する。

　さらに、たとえ配分がパレート効率的であったとしても、それはあくまである種の効率性の指標であり、それ以外の規範的な規準についての問題が解決されていることにはならない。そうしたものの１つが分配の公正あるいは平等や格差といったの問題である。市場機構によって有効に対処できないような事柄を市場の失敗と呼んでいる。

○格差・分配問題

　まず生産された財・サービスが、社会のなかで構成員に対してどのように分配されるかを考える。

　社会における所得の分配は２つの側面をもっている。第１は、それぞれの生産要素がどのような報酬を受けているかという問題であり、労働に対する賃金率、資本に対する利子率、土地に対する地代などの決定がこれにあたる。このような側面は、機能的分配と呼ばれる。第２は、それぞれの経済主体の所得水準がどのような状態にあるかという側面で、人的分配と呼ばれる。各国における所得格差あるいは貧富の差などはこの人的分配の問題であり、それを表すいくつかの指標が考えられている。

一国の人的分配の状況を概観する方法には以下のようなものがある。ある国の家計を、所得の低い順に横軸にならべる。そして縦軸にそれぞれの家計の所得以下のすべての家計の所得額の合計が社会全体の所得の何パーセントにあたるかを測ったグラフがローレンツ曲線と呼ばれ、その国の人的分配の状態を示す指標の1つである。図3－1にローレンツ曲線の例が描かれている。横軸は家計の累積度数、縦軸は所得の累積度数であり、例えば50％の家計が社会全体の20％の所得を、80％の家計が50％の所得を得ていることを表している。もし、すべての家計の所得水準が同じであるような完全平等の状態であれば、ローレンツ曲線は線分OAとなり、所得格差が大きいほど、下方に位置する。ローレンツ曲線と線分OAとの間の面積と三角形OABの面積の比はジニ係数と呼ばれる。完全に平等な場合ではジニ係数は0であり、人的分配における不平等の度合が高まるにつれて1に近づく。

図3－1．ローレンツ曲線

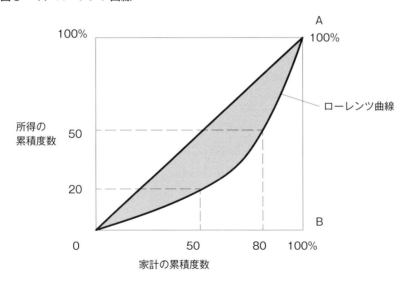

市場機構によって解決されるのは、基本的に資源配分における効率性の問題であり、貧富の差といった人的分配の問題については解決されない。そのため課税や補助金などの手段によって所得の再分配がなされている。ただし、何をもって公正あるいは平等と見なすかはそれほど単純ではない。人はそれぞれ能力が違い、働きも異なる。結果としての平等が必ずしも公正とはいえない。「自由」と「平等」はある面で相反する理念である。市場経済ではどちらかというと自由を重視し、計画経済では平等を重視しているといえよう。また、前述したように、市場機構は自由を重視することにより、富を作り出す人々に経済的誘因を与えているともいえる。

　どのような所得分配の状態が望ましいかを決めるのは、社会の価値判断に関わることであり簡単なことではない。ここでは2つの代表的な考え方を取り上げよう。

　第1は、平等主義（egalitarianism）である。平等には、「結果の平等」と「機会の平等」がある。人間にはそれぞれ個性があるので、同じ条件のもとで何かをしても同じ結果が出るとは限らない。教育や就業の資格などをできるだけ平等にするのが、機会の平等である。しかし、才能や努力の差などで結果的には所得に大きな違いが生じてしまうことが多い。結果の平等とは、こうした結果として得られる所得水準などを平等にしようという考えである。機会の平等は一般には結果の平等をもたらさず、結果の平等は結果に至るまでの過程を正しく評価しないことがある。

　第2は、功利主義（utilitarianism）と呼ばれる考え方である。「最大多数の最大幸福」という言葉に表されるように、功利主義とは社会の構成員の効用の総和の最大化を図る思想といえる。功利主義的に最適な所得の分配は、一般には平等な分配とはならない。2人の個人A、Bが一定額の所得を分配する場合を考えよう。図3－2の横軸の長さは所得の総額を表している。個人Aに分配される所得をO_Aから、個人Bに分配される所得をO_B

から測る。縦軸には個人の限界効用を測り、aa' と bb' はそれぞれ個人 A お
よび B の限界効用曲線である。それぞれの個人が得る効用の大きさは限界
効用曲線の下側の領域で表されるので、2 人の効用の総和を最大にする分
配、すなわち功利主義的に最適な分配は、限界効用曲線の交点によって決
定される点 c である。他方、結果としての所得が平等になる点は d 点であ
り、2 人の限界効用曲線が異なる形状であれば一般に効用の総和を最大に
する c 点と、それぞれの個人の所得が同じになる d 点は異なるのである。

　また、個人の効用を測定し、異なる個人の間で比較することは一般には
不可能であることに留意しなければならない。

図3－2. 平等主義と功利主義による最適な分配

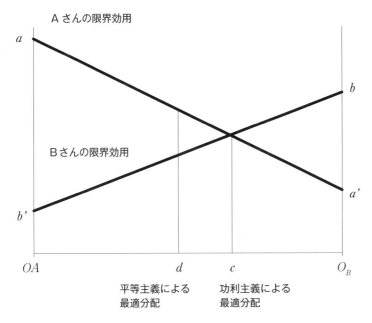

○市場機構の意義と限界

　以上のような市場の失敗を考慮に入れたとしても、なお市場機構が経済の基本問題を解決する社会的な手段として、きわめて優れたものであることは疑いがないであろう。市場で有効に解決されうる問題については市場に任せ、同時に市場の失敗を考慮して、政治システムや狭義社会システムを通じて市場機構を補完していくことが望まれる。

3-2 公共財の存在

○公共財を含む経済のパレート効率性

　公共財が存在する場合に、なぜ競争均衡配分がパレート効率的にならないかを考察する。まず公共財を含む経済におけるパレート効率性の条件を導出する。

　これまでと同様に n 人の消費者が存在し、私的財については1つにまとめ、1種類の私的財と1種類の公共財が存在するものと考える。私的財は各消費者によって一定量が初期保有されると考え、消費者 i の初期保有量を ω_i とする。公共財のために各消費者は私的財を負担すると考え、その量を g_i と標記する。公共財の数量を G と標記すると、公共財の生産と負担との関係は

$$G = \sum_{i=1}^{n} g_i \qquad (3-1)$$

と表されると想定する。この場合、1単位の私的財によって1単位の公共財が生産されることになるので、公共財の私的財で測られた限界費用は1となる。

　各消費者の私的財の消費量は、初期保有から公共財のための負担額を引

いたものとなる。

$$x_i + g_i = \omega_i \tag{3-2}$$

各消費者の効用は、私的財と公共財の消費量の関数として

$$u_i(x_i, G) \tag{3-3}$$

によって表す。

　財の存在量および公共財生産のための技術が与えられたとき、パレート効率性の条件を求めるためには、$n-1$ 人の消費者の効用水準をある一定の値に固定し、1人の効用を最大化する条件を求めればよい。

　単純化のため、2人の消費者の場合を考える。消費者2の効用水準を $\overline{u}_2$ とおいて、初期保有の総量を再配分するという制約の下で、消費者1の効用を最大化する。

$$\begin{aligned} &\max. \; u^1(x_1, G) \\ &s.t. \; x_1 + x_2 + G = \omega \\ &\quad\;\; u^2(x_2, G) = \overline{u}^2 \end{aligned} \tag{3-4}$$

　1階の条件は

$$\frac{\partial u^1 / \partial G}{\partial u^1 / \partial x_1} + \frac{\partial u^2 / \partial G}{\partial u^2 / \partial x_2} = 1 \tag{3-5}$$

となる。n人の消費者が存在する場合のパレート効率性の条件は

$$\sum_{i=1}^{n} \frac{\partial u^i / \partial G}{\partial u^i / \partial x_i} = 1 \tag{3-6}$$

となる。右辺の1は、（3-1）式よりこの場合の公共財の限界費用を表し

ている。

　これに対して市場での個々の消費者の効用最大化行動は、予算制約の下での効用最大化行動

$$
\begin{aligned}
&\max.\ u^i(x_i,\ G) \\
&s.t.\ x_i + g_i = \omega_i \\
&\quad\ G = g_i + G_{-i}
\end{aligned}
\tag{3-7}
$$

と定式化され、1階の条件は

$$
\frac{\partial u^i / \partial G}{\partial u^i / \partial x_i} = 1
\tag{3-8}
$$

となる。ここでG_{-i}は消費者i以外の公共財のための負担額の合計を表す。したがって、複数の消費者が存在する場合に、市場均衡においてはパレート効率性の条件（3-6）は満たされない。

3-3　外部効果の存在

○外部不経済と余剰

　外部効果が存在する場合に、競争均衡配分が効率的ではないことを、余剰の概念を用いて、部分均衡分析により示す。

　ある財の市場を考える。財の供給者である企業の行動に外部効果が存在すると、企業が実際に支払う限界費用である私的限界費用（private marginal cost: PMC）と外部効果を考慮に入れた社会的限界費用（social marginal cost: SMC）に乖離が生ずる。外部不経済、例えば大気汚染をもたらす企業の場合、社会的限界費用には外部不経済を出さないための汚染防止装置の費用や、あるいは外部不経済を受けた消費者や企業の被害額などが含まれ

るため、図3－3のように実際に支払う私的限界費用よりも高くなる。

　企業の利潤は収入から実際に支払う私的費用を引いた値であり、利潤最大化の条件は価格が私的限界費用に等しいというものである。したがってこの企業の供給曲線は、私的限界費用から導かれるので、需要曲線との交点eが市場均衡となる。他方、社会的余剰は社会的便益から外部不経済を含めた社会的費用を引いた値であるので、社会的余剰を最大化する生産量は、需要曲線と社会的限界費用曲線との交点fで表される。したがって、外部不経済をもたらす企業の生産は過剰となり、市場均衡においてはefgで表される社会的余剰の損失が生じている。

図3－3．外部不経済と社会的余剰

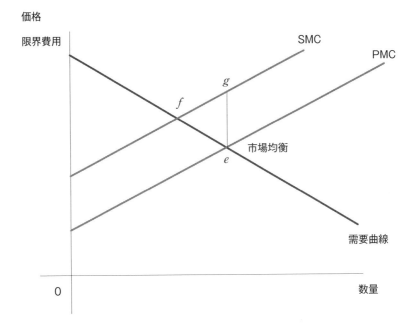

○外部経済と余剰

　逆に、外部経済をもたらす企業の私的限界費用は、他の主体に及ぼす効果の対価として、その企業が本来受け取るべき報酬を得ていないので、社会的限界費用よりも高くなる。この企業の供給曲線は外部不経済を出している企業の場合と同様に私的限界費用から導かれるので、PMCと需要曲線との交点である市場均衡 e は、SMCと需要曲線との交点である社会的余剰最大化の点 f よりも左側に位置し、したがって生産量は過小となり、efg で表される社会的余剰の損失が生じている。

図３－４．外部経済と社会的余剰

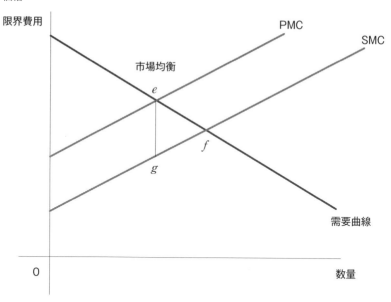

3-4 市場機構補完の試み リンダール・メカニズム

○税価格と公共財への支出

　3-2節で考察したように、市場機構では効率的な供給がなされない、公共財のための政府支出を考える。政府支出が貨幣1単位増加することに対して個人が支払うべき額を税価格（tax price）という。これは一物一価が原則である通常の価格とは違い、適用される個人によって異なる値をとることが一般的である。消費者 i に対する税価格を t_i とする。

　個人の税価格が与えられときの、望ましい公共財支出の水準 G の値を導く。消費者の効用は（3-3）式で表されるように私的財の消費量と公共財に依存するものとし、私的財の初期保有量が与えられたときの、予算制約の下での効用最大化問題は以下のように定式化される。

$$
\begin{aligned}
&\max. \ u_i(x_i, G) \\
&s.t. \ x_i + t_i G = \omega_i
\end{aligned}
\tag{3-9}
$$

　1階の条件は

$$
\frac{\partial u_i / \partial G}{\partial u_i / \partial x_i} = t_i
\tag{3-10}
$$

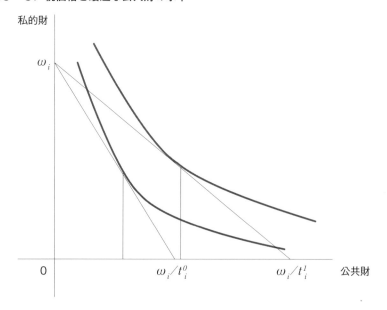

公共財と私的財との限界代替率が税価格に等しいという条件である。ここで、Gの値は、税価格t_iが与えられたときに、消費者iが望ましいと思う公共財すなわち政府支出の水準を示す。そのなかで消費者iが負担する額は$g_i = t_i G$である。この、消費者iが望ましいと思う公共財の水準を、税価格t_iの関数として$G(t_i)$によって表す。

○リンダール均衡の導出

個々の消費者に対し、公共財供給のための負担割合を意味する税価格を提示し、どれだけの公共財需要があるかを聞き、各消費者の表明する公共財の水準Gの値が一致するように税価格を調整する仕組みをリンダール・メカニズム（Lindahl mechanism）という。

政府は消費者全員に税価格

$$(t_1,...,t_n)、\sum_{i=1}^{n} t_i = 1、t_i \geq 0 \qquad (3\text{-}11)$$

を提示する。各消費者は提示された税価格の下で、（3-9）式で示される効用最大化問題の解である、望ましい公共財の数量 $G(t_i)$ を提示する。

定義3-1. リンダール均衡 G^* とは、ある税価格の組 $(t_1^*,...,t_n^*)$ が存在して

$$G^* = G(t_1^*) =,...,= G(t_n^*)$$

が成立するような公共財の水準をいう。

　リンダール均衡を求めるためには、まず（3-9）の解として導出した、個別需要曲線を縦に足し合わすことにより、集団的需要曲線を導く。この集団的需要曲線は、（3-10）より公共財供給 G あるいは政府支出のそれぞれの水準に対する消費者による限界評価の合計を示している。他方、公共財の限界費用から、供給曲線を導く。公共財の生産関数、あるいは生産と消費者による負担との関係が（3-1）で表されている場合は、限界費用が一定であり1となるので、供給曲線は1の水準で水平となる。この集団的需要曲線と供給曲線の交点がリンダール均衡である。
　リンダール均衡においては、G^* に対する消費者の限界評価の合計が限界費用に等しいので、パレート効率性の条件（3-5）あるいは（3-6）式が満たされている。

図3－6．税価格と個別需要曲線

①

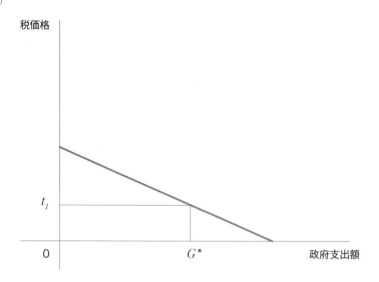

②

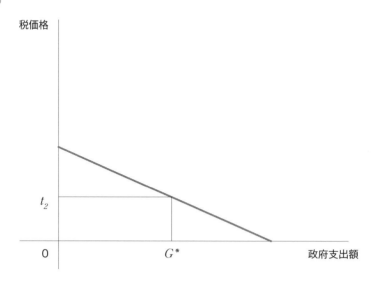

図3−7．リンダール均衡

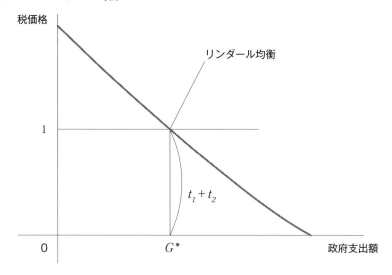

○リンダール均衡の効率性と「ただ乗り問題」

　定義3−1より、リンダール均衡においては、個々の消費者によって税
価格は異なるが、公共財の需要量は等しい。税価格の定義および消費者の
効用最大化条件（3-10）より、公共財と私的財との限界代替率の合計が、
税価格の合計である1に等しく、それは（3-1）で想定されているような
生産技術の下での公共財の限界費用である1に等しい。したがって前述し
たように、公共財が存在する場合のパレート効率性の条件（3-5）あるい
は（3-6）式が満たされるのである。

　ただしリンダール・メカニズムでは、各消費者にとっての公共財供給の
ための負担額が、自発的に表明した需要量に依存して増加するので、個々
の消費者にとって望ましい需要量について真実を表明する誘因はない。な
ぜならば、公共財は非排除性および非競合性をもつので、自分が負担しな

くても、他人の負担によって供給された財を自由に消費できるからである。したがって、真の選好に基づく最適な需要量よりも少ない量を表明して自分の負担を軽減しようとする「ただ乗り問題」が生じるのである。

○真の選好を表明させるメカニズム

「ただ乗り問題」を解決するための、消費者に真の選好を表明させるメカニズムを考察する。すなわち、真の選好を表明することが個々の消費者にとってもっとも有利な選択となるようなメカニズムについてである。

消費者iにとっての公共財の価値、すなわち真の選好に基づきその公共財に対して支払う意思のある額をv_iとする。公共財生産のために、各消費者は自分にとっての公共財の価値を政府に申告し、その申告額に基づいて公共財の生産および各消費者の負担額あるいは所得移転額m_iを決定するメカニズムを考える。

消費者iの申告額をs_iとする。s_iは消費者iが負担のルールを考慮しつつ自発的に決定するものであり、負でもよく、真の値であるv_iと一致するとは限らない。

単純化のために1単位の公共財を供給するか、しないかの決定を行う状況を想定し、供給のための費用は考慮せずゼロとする。

消費者による申告額$s = (s_1, ..., s_n)$が与えられたときの公共財の供給量を$q(s)$、消費者iへの負担額あるいは所得移転額m_iの値を申告額の関数として$m_i(s)$と表す。それらは以下のように決定されるとする。

$$q(s) = 1、\sum_{i=1}^{n} s_i \geq 0$$

$$q(s) = 0、\sum_{i=1}^{n} s_i < 0$$

$$m_i(s) = \sum_{j \neq i} s_j + h_i(s_{-i})、\sum_{i=1}^{n} s_i \geq 0 \qquad (3\text{-}12)$$

$$m_i(s) = h_i(s_{-i})、\sum_{i=1}^{n} s_i < 0$$

ここで$h_i(s_{-i})$は任意の実数値関数であり、s_{-i}はsからs_iを除いたものである。全消費者による申告額の合計が非負の場合は1単位の公共財が供給され、同時に自分以外の消費者の申告額の合計が移転される。全消費者による申告額の合計が負の場合は、公共財は供給されない。

この場合、消費者iの効用は自分にとっての公共財の価値と所得移転額の合計

$$u_i(q, s_i) = v_i q + m_i \qquad (3\text{-}13)$$

によって表されるとする。

他の消費者がどのような申告を行っても、公共財に対する真の評価v_iを申告することが望ましいことを示す。s_iを申告したときの消費者iの効用は（3-12）および（3-13）式から

$$v_i q(s_i, s_{-i}) + m_i(s_i, s_{-i})$$

$$= v_i q(s_i, s_{-i}) + \sum_{j \neq i} s_j q(s_i, s_{-i}) + h_i(s_{-i})$$

$$= \left(v_i + \sum_{j \neq i} s_j \right) q(s_i, s_{-i}) + h_i(s_{-i}) \qquad (3\text{-}14)$$

であるので、真の評価 v_i を申告したときとの効用の差は

$$\left(v_i + \sum_{j \neq i} s_j \right) \{ q(v_i, s_{-i}) - q(s_{-i}, s_{-i}) \} \qquad (3\text{-}15)$$

と表される。

いま $v_i + \sum_{j \neq i} s_j \geq 0$ ならば、v_i を申告することにより $q(v_i, s_{-i}) = 1$ と

なる。$q(s_i, s_{-i})$ は（3-12）よりつねに 0 あるいは 1 であるので

$$q(v_i, s_{-i}) - q(s_i, s_{-i}) \geq 0 \qquad (3\text{-}16)$$

となり、真の評価 v_i を申告したときとの効用の差は非負である。

逆に $v_i + \sum_{j \neq i} s_j < 0$ ならば、v_i を申告することにより $q(v_i, s_{-i}) = 0$ と

なる。このとき

$$q(v_i, s_{-i}) - q(s_i, s_{-i}) \leq 0 \qquad (3\text{-}17)$$

となり、やはり

$$\left(v_i + \sum_{j \neq i} s_j \right) \{ q(v_i, s_{-i}) - q(s_{-i}, s_{-i}) \} \geq 0 \qquad (3\text{-}18)$$

が得られる。

　したがって、各消費者は真の評価を申告することが望ましいことがわかる。このようなメカニズムはグローブス・メカニズム（Groves mechanism）と呼ばれる。

　ただしこのグローブス・メカニズムは効率的ではない。ここで効率性は $\sum_i v_i \geq 0$ のときにのみ、公共財が供給されること、および $\sum_i m_i = 0$ すなわち所得移転は n 人の消費者の中で行われ、余剰や外部からの移転はないこと、によって特徴づけられる。

3-5　汚染者負担の原理と当事者間の交渉

○外部不経済にともなう費用の負担

　外部不経済が生じている場合に、それを抑えるための費用は誰がどのように負担すべきであるかを考察する。

　ある経済主体が環境を汚染させることによって外部不経済をもたらしているときに、その汚染者が費用を負担すべきであるという考えを、汚染者負担の原則（polluter pays principle: PPP）という。

○企業の収益と社会的便益

　誰がどのように外部不経済に対する費用を負担すればもっとも効率的な配分が得られるかを簡単な例を用いて考察する。外部不経済、例えば煤煙を出している企業と、それによって被害を受けている近隣住民を考えよう。

図３－８の横軸には企業の操業水準を測り、縦軸には企業の限界収益と近隣住民の限界被害額を測る。企業の収益については操業水準の上昇にともない限界収益が逓減すると考える。したがって、はじめのうちは操業水準が上がるにつれて収益も増加するが、限界収益が負になって以降は減少に転ずる。被害額は負の値として測り、操業水準の上昇にともない限界被害額は逓増すると考える。したがって被害額は操業水準が上がるにつれて比例的以上に増加する。社会的便益を、企業の収益から近隣住民の被害額を引いた値と定義する。企業の収益は、限界収益がゼロとなる操業水準 y_0 で最大となり、社会的便益は、限界収益と限界被害が一致する操業水準 y_1 で最大となる。

図３－８．企業の収益と近隣の被害

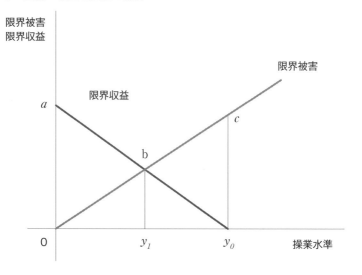

○当事者間の交渉とコースの定理

　以上のような状況のもとで、当事者である企業と近隣住民が費用負担について交渉をしたとしよう。その場合、交渉の出発点をどこにするか、あるいはそれぞれの当事者がどのような権利を有しているかは、状況によって異なるであろう。例えば、工場が先に操業していて、そこに新たに住民が移ってきた場合と、その逆の場合とでは、交渉の出発点が違うと考えられる。

　操業水準 0 が出発点であれば、すなわち住民の被害がゼロという状態を前提とすれば、企業は住民に被害額 $0by_1$ を補償しても、y_1 の水準まで生産すると最大収益 $0ab$ が得られ、合理的である。

　逆に出発点が企業の収益最大化水準 y_0 であれば、すなわち企業が自由に操業できるという状態を前提とすれば、住民は工場に収益 y_0by_1 を補償しても、操業水準を y_1 に下げさせることにより被害額を $0by_0$ へと最小化でき、合理的である。

　このように、どの水準あるいは前提から交渉を始めても、到達点は社会的便益を最大化する y_1 となる。このような主張はコースの定理（Coase's theorem）と呼ばれる。

　ただし当事者が交渉に応じるか否かは別の問題であり、また住民には工場の収益を補償する経済力がない場合も考えられる。汚染者負担の原則に従えば、企業が状況のいかんにかかわらず、住民に被害額 $0by_1$ を補償し、y_1 まで操業することになる。

第II部

技術革新による新しい財と価格設定
および企業の社会的責任

第4章

新しい価格設定による誘因
（インセンティブ）の付与

4-1 行動が価格に影響を与える場合の効用最大化

○価値財の消費と誘因

　競争市場においては、これまで一般に消費者にとって価格は所与であると考えられてきた。しかし情報通信技術の進歩により、個別消費者に対し、それぞれの行動に応じた独自の価格設定が可能となる財を提供する企業が現れるようになった。

　そのような価格設定の下での消費者の行動が、そうした設定がない場合に比べて、消費者と企業の双方にとって、より良い状態、すなわちパレート改善的な結果をもたらす可能性を理論的に考察する。

　そのような価格設定が可能となったのは、様々な情報通信技術により消費者の行動が企業側に正しく伝えられ、企業はそれに基づいて価格を決定し、それが消費者に伝えられることが技術的に可能になったからである。多数の消費者からのデータを収集し分析することにより、消費者の行動とその結果についてより正確な情報が得られ、それに基づいての価格決定である。

　短期的には消費者の効用を低下させるが、長期的には効用を増加させるような消費者によるある種の「行動」を考える。そうした行動は一種の価値財であるといえるが、それに対して行動を促進するための経済的誘因が付与されていない場合と付与されている場合を考える。ここで行動とは、

各種の身体運動をするなど健康を維持あるいは増進させるような努力を指す。

　経済的誘因は、そうした努力水準がそれ以外の消費財の価格に影響を与えるという形で付与されると考える。

○価値財の消費と価格による誘因：1期モデル

　初めに、中長期的な効用の増加を明示的に取り入れない1期モデルを考える。短期的には負の効用をもたらすような価値財の消費を促すために、価値財の消費量に応じて、他の財の価格が引き下げられるような価格設定を想定する。各消費者の価値財の消費に関する情報は、他の消費財の供給者に伝えられ、その情報を基に個別消費者に対する価格が決定されるとする。すなわち、価値財を消費することの誘因が、他の財の価格低下によって与えられるような状況である。効用関数を

$$u(a, x) \qquad\qquad (4\text{-}1)$$

で表す。a は短期的には不効用をもたらす行動についての努力水準であり、x は消費財の量である。消費財の価格は努力水準 a に依存して個人によって異なると考え、価格関数を $p(a)$ と表す。消費者の所得を m とし、すべてを消費財購入に当てるとすると、予算制約は

$$p(a)x = m \qquad\qquad (4\text{-}2)$$

$$x = p(a)^{-1}m \qquad\qquad (4\text{-}2')$$

となる。効用関数と価格関数について以下の仮定をおく。

仮定4－1.

$$\frac{\partial u}{\partial a} \equiv u_a < 0 、\quad \frac{\partial^2 u}{\partial a^2} \equiv u_{aa} < 0 、\quad \frac{\partial u}{\partial x} \equiv u_x > 0 、\quad \frac{\partial^2 u}{\partial x^2} \equiv u_{xx} < 0 、$$

$$\frac{\partial^2 u}{\partial a \partial x} \equiv u_{ax} = 0$$

$$\frac{dp}{da} \equiv p' < 0 、\quad \frac{d^2 p}{da^2} \equiv p'' = 0$$

このように、価値財の消費、すなわち短期的には不効用をもたらす行動をとると、一定の割合で消費財の価格が低下するような状況を想定する。

効用最大化問題は

$$\mathrm{max}.\ u[a,\ p(a)^{-1}m] \tag{4-3}$$

と定式化される。

効用最大化の1階の条件は

$$\frac{\partial u / \partial a}{\partial u / \partial x} = \frac{m}{p^2}\frac{dp}{da} \tag{4-4}$$

$$u_a = u_x p^{-2} m p' \tag{4-4'}$$

となる。これは努力水準を1単位増加することによる効用の減少分が、努力水準の増加による価格低下のために購入可能となった消費財からの効用の増加分に等しいことを意味する。

効用最大化の2階の条件は

$$u_{aa} + 2u_x p^{-3} mp'^2 + u_{xx} p^{-4} m^2 p'^2 < 0 \qquad (4\text{-}5)$$

となる。

これらの条件を図式的に理解するため、無差別曲線と予算線を考える。まず効用関数（4-1）を全微分する。

$$u_a da + u_x dx = 0 \qquad (4\text{-}6)$$

無差別曲線の傾きは

$$\frac{dx}{da} = -\frac{u_a}{u_x} \qquad (4\text{-}7)$$

となり、その変化率は仮定4-1より

$$\frac{d^2 x}{da^2} = -\frac{u_{aa} u_x}{u_x^2} \qquad (4\text{-}8)$$

によって表される。

他方、予算線の傾きは

$$\frac{dx}{da} = -p^{-2} mp' \qquad (4\text{-}9)$$

となり、その変化率は

$$\frac{d^2 x}{da^2} = 2p^{-3} mp'^2 \qquad (4\text{-}10)$$

によって表される。

したがって、1階の条件（4-4）は、無差別曲線の傾き（4-7）と予算線の傾き（4-9）が等しいことを示している。

1階の条件（4-4）および2階の条件（4-5）から

$$-\frac{u_{aa}u_x + u_{xx}u_a mp^{-2} p'}{u_x^2} > 2mp^{-3} p'^2 \qquad (4\text{-}11)$$

これは1階の条件（4-4）が満たされる、無差別曲線の傾き（4-7）と予算線の傾き（4-9）が等しい点において、無差別曲線の傾きの変化率（4-8）の方が予算線の傾きの変化率（4-10）よりも大きいことを示している。

すなわち努力水準の増加による価格低下のために購入可能となった消費財の増加分よりも、効用を一定に保つために必要な消費財の増加分の方が大きいことを意味している。

逆に、無差別曲線と予算線が接している点で、無差別曲線の傾きの変化率（4-8）の方が予算線の傾きの変化率（4-10）よりも小さければ、その価値財の消費は効用極小化の水準を示している。

図4－1．努力水準に依存する消費財価格の下での効用最大化

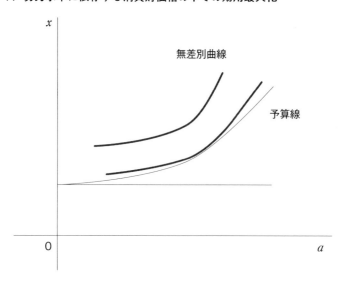

○価値財の消費と価格による誘因：2期モデル

価値財の消費が、効用に及ぼす中長期的な効果を明示的に考察するために、2期モデルで考える。

現在を第1期、将来を第2期とする。現在と将来の消費をそれぞれ x_1、x_2、その価格を p_1、p_2 と表す。

効用は現在の消費、将来の消費、現在の努力水準に依存すると考え、消費からの効用を関数 u、努力による現在の短期的不効用を関数 v_1、中長期的な効用を関数 v_2 で表し、割引率を ρ とする。消費者が最大化を行う総効用は次の式によって表される。

$$u(x_1) + v_1(a) + \rho\{u(x_2) + v_2(a)\} \qquad (4\text{-}12)$$

利子率を r、第1期の貯蓄を s、所得を m_1、第2期の所得を m_2 とする。

それぞれの期の予算制約式は

$$p_1 x_2 + s = m_1 \qquad (4\text{-}13)$$

$$p_2 x_2 = rs + m_2 \qquad (4\text{-}14)$$

であり、したがって

$$p_1 x_1 + \frac{p_2 x_2}{r} = m_1 + \frac{m_2}{r} \qquad (4\text{-}15)$$

となる。それぞれの関数に以下の仮定をおく。

仮定4－2.

$$\frac{\partial u}{\partial x_1} \equiv u_1 > 0 \text{ 、} \quad \frac{\partial u}{\partial x_2} \equiv u_2 > 0 \text{ 、} \quad \frac{\partial^2 u}{\partial x_1^2} \equiv u_{11} < 0 \text{ 、} \quad \frac{\partial^2 u}{\partial x_2^2} \equiv u_{22} < 0$$

$$\frac{dv_1}{da} \equiv v_1' < 0 \quad \text{、} \quad \frac{dv_2}{da} \equiv v_2' > 0$$

　ここで、努力水準に依存して消費財の価格が変化する状況を考える。

　努力水準に応じて現在および将来の消費財の価格が低下する場合はそれぞれ

$$\frac{dp_1(a)}{da} \equiv p_1' < 0 \qquad (4\text{-}16)$$

$$\frac{dp_2(a)}{da} \equiv p_2^{'} < 0 \qquad (4\text{-}17)$$

となる。

　予算制約の下での効用最大化問題は、λ をラグランジェ乗数とすると（4-12）および（4-15）式から以下のように表される。

$$L = u(x_1) + v_1(a) + \rho\{u(x_2) + v_2(a)$$

$$+ \lambda\{p_1(a)x_1 + \frac{p_2(a)x_2}{r} - m_1 - \frac{m_2}{r}\} \qquad (4\text{-}18)$$

効用最大化の1階の条件は

$$u_1 + \lambda p_1(a) = 0$$

$$v_1^{'} + \rho v_2^{'} + \lambda\{p_1^{'}x_1 + \frac{p_2^{'}}{r}x_2\} = 0 \qquad (4\text{-}19)$$

$$\rho u_2 + \lambda \frac{p_2(a)}{r} = 0$$

したがって（4-19）より

$$\frac{u_1}{u_2} = r\rho \frac{p_1(a)}{p_2(a)} \qquad (4\text{-}20)$$

が得られる。これは、消費財の現在と将来に関する限界代替率が、価格比に利子率と割引因子をかけたものに等しくなるという条件である。また

$$v_1^{'} + \rho v_2^{'} = \frac{u_1}{p_1(a)} p_1^{'}(a)x_1 + \rho \frac{u_2}{p_2(a)} p_2^{'}(a)x_2 \qquad (4\text{-}21)$$

が得られる。ここで $p_1^{'}(a)/p_1(a)$ は価値財の限界的な変化による現在の

消費財価格の変化率、$p_1'(a)x_1 / p_1(a)$ はその価格変化により可能となった現在の消費財数量の変化分、そして $p_1'(a)x_1u_1 / p_1(a)$ はその消費財数量の変化による効用の増加分を表している。将来の消費財についても同様である。

したがって（4-21）式は、左辺に示されている価値財の純限界効用 $v_1' + \rho v_2'$ が、右辺に示されている、努力による価格低下に基づき、新たに購入可能となった現在と将来における消費財からの効用の和に等しいという条件である。

努力の現在における限界（不）効用が、価値財による将来の健康を増進させる効果、現在および将来の経済的誘因の和に等しい、ということもできる。

こうした経済的誘因効果により、価値財の消費である行動量が増加する。経済的誘因がない場合は

$$v_1' = -\rho v_2' \tag{4-22}$$

となり、価値財の消費による1期の限界不効用が2期の割引された限界効用に等しい水準に決まる。すなわち価値財の純限界効用が0の水準である。

○価値財の効果が正しく認識されていない場合

一般に価値財の多くは、消費者がその効果について正しい認識をもっておらず、したがって消費者の自発的な選択行動のみに基づけば、過少消費の傾向にあるといえる。

ここでは将来の効果が正しく認識されていない場合を考える。関数 $\tilde{v}_2(a)$ を、消費者が認識する、将来における価値財の効果とし

$$\tilde{v}_2(a) < v_2(a), \ \tilde{v}_2'(a) < v_2'(a), \ \forall a > 0 \tag{4-23}$$

とする。すなわち、価値財の効果を主観的に過小評価しているとする。

　正しい認識がされていず、誘因が与えられていない情況での価値財の消費は（4-22）から条件

$$v_1'(\widetilde{a}) = -\rho\widetilde{v}_2'(\widetilde{a}) \tag{4-24}$$

を満たす $\widetilde{a}$ の水準となる。

　正しい認識がされていて、誘因が与えられていない情況での価値財の消費は条件

$$v_1'(a^*) = -\rho v_2'(a^*) \tag{4-25}$$

を満たす水準 a^* となる。図4−2で示されているように（4-23）および（4-24）より

$$\widetilde{a} < a^* \tag{4-26}$$

であるので、価値財は過少消費となる。また

$$v_1(a^*) - v_1(\widetilde{a}) \tag{4-27}$$

は、第2期における価値財の効果に対する正しい認識の欠如による効用の損失を表している。

図4－2. 価値財に対する正しい認識の欠如による効用の損失

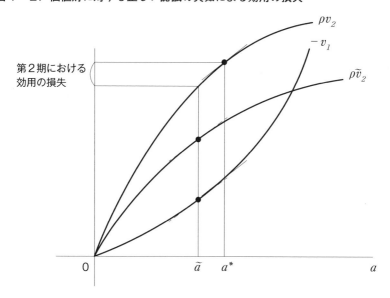

4-2 行動が将来の事象の確率に影響を与える場合の保険市場

○消費者の行動

　ある確率で事故が起り、一定額の損失が生じるような事象と、その損失を補填する保険商品を考える。消費者が何らかの努力をすることによって、その事故が起る確率が低下するものとする。そしてそのような消費者の努力に応じて保険料が減額される保険を考える。消費者は努力をすることによって可処分所得が増加し、そこからの効用は増加する。他方で努力により消費者にとって不効用が生じ、効用は減少する。そのような状況において消費者は、保険会社の提示する、努力に応じた保険料の減額水準を所与として、消費者は最適な努力水準を決定すると考える。

消費者の効用水準を、所得から得られる効用と努力水準に応じて生じる不効用の和の形で表す。当初の所得水準を W 、事故が起きたときの損害額を L 、努力水準を a 、努力水準に応じた事故の起きる確率を $q(a)$ と表す。保険がなく事故が起きたときの所得水準は $W - L$ となる。努力水準に応じた保険料を $\bar{I} - aI$ とする。$\bar{I}$ は固定保険料であり、I は単位当たりの努力に応じた保険料の減額水準である。所得からの効用を関数 U 、努力による不効用を関数 V で表す。保険料を払った後の所得水準は $W - \bar{I} + aI$ となり、保険に加入した場合と加入しなかった場合の効用水準はそれぞれ以下に表される。

$$U(W - \bar{I} + aI) - V(a) \tag{4-28}$$

$$q(a)U(W - L) + \{1 - q(a)\}U(W) - V(a) \tag{4-29}$$

効用関数および事故発生確率の関数について以下の仮定をおく。

仮定4－3.

$U' > 0$, $U'' < 0$, $V'(a) > 0$ *for* $a > 0$ 、 $V'(0) = 0$ 、 $V'' > 0$, $q' < 0, q'' > 0$

この保険に加入すると損害が全額補填されるので、金銭面におけるリスクはゼロとなる。努力水準に応じた保険料の設定を所与として、保険に加入した場合の効用（4-28）を最大化するように努力水準を決定すると考える。1階の条件は

$$U'I - V' = 0 \tag{4-30}$$

すなわち、努力の限界不効用が、努力による保険料軽減から生じる限界効用に等しいという条件である。

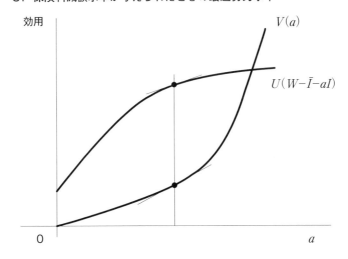

他方、保険に加入しない場合、努力水準が事故発生確率に影響を与え、それに応じた期待効用（4-29）を最大化すると考える。1階の条件は

$$q'\{U(W-L)-U(W)\}-V'=0 \qquad (4-31)$$

すなわち、努力の限界不効用が、努力による事故発生確率の低下から生じる可処分所得の増加に伴う効用の増加分の期待値に等しいという条件である。

○努力実行曲線の導出

効用最大化の条件（4-30）から、保険会社から提示された減額水準 I に対して最適な努力水準 a を示す関数を導出するため、a と I に関して、同一の効用水準をもたらす組み合わせである、消費者の無差別曲線を考える。（4-28）式によって表される効用水準をある定数とおいて、全微分する。

$$(U'I - V')da + U'adI = 0 \qquad (4\text{-}32)$$

無差別曲線の傾きは

$$\frac{dI}{da} = -\frac{U'I - V'}{U'a} \qquad (4\text{-}33)$$

によって表される。

　効用関数に関する仮定4-3から、同じ I の水準について、（4-30）を満たす a よりも小さい値の場合は無差別曲線の傾き（4-33）が負、大きい値の場合は傾きが正となることがわかる。また、同じ a の水準について、（4-30）を満たす I よりも小さい値の場合は傾きが正、大きい値の場合は傾きが負となることがわかる。したがって無差別曲線群の形状は図4－4のように表され、上にいくほどより高い効用水準に対応する。

図4－4．努力水準と保険料減額水準との無差別曲線

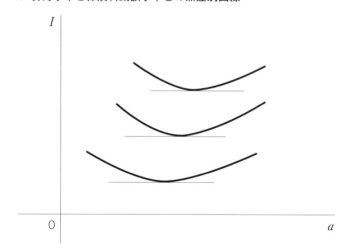

消費者にとって、保険会社から提示された I の水準を所与として効用最大化の条件（4-30）を満たす努力水準 a の値は無差別曲線の傾きが0となる図4-5のような曲線で示される。それを消費者の努力実行関数（曲線）と呼び、$a(I)$ と表す。

図4-5．保険料減額水準に対応する最適努力水準

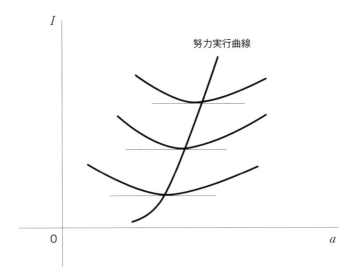

　○保険会社の行動

　保険会社は、保険料の減額水準 I に対する消費者の努力水準決定行動 $a(I)$、および努力水準が事故発生確率に与える影響である確率関数 $q(a)$ を考慮し、努力水準に応じて変額する保険料を決定すると考える。

　保険会社の顧客一人当たりの期待利潤は、得られる保険料から事故による損失の期待値を引いたものである。

$$\bar{I} - aI - q(a)L \qquad\qquad (4\text{-}34)$$

保険会社の期待利潤最大化の１階の条件は

$$-a-a'I-q'a'L = 0 \qquad (4\text{-}35)$$

$$-\frac{I+q'L}{a} = \frac{1}{a'} \qquad (4\text{-}35')$$

この条件から、最適減額水準 I を求めるため、保険会社の等利潤線を考える。(4-34) 式によって表される期待利潤額をある定数とおいて全微分する。

$$-(I+q'L)da - adI = 0 \qquad (4\text{-}36)$$

等利潤線の傾きは

$$\frac{dI}{da} = -\frac{I+q'L}{a} \qquad (4\text{-}37)$$

によって表される。

すなわち $I < -q'L$ ならば傾きは正、$I = -q'L$ ならば 0、$I > -q'L$ ならば負となる。また

$$\frac{d^2 I}{da^2} = -\frac{Lq''}{a} + \frac{I+q'L}{a^2} < 0 \qquad (4\text{-}38)$$

となるので、努力水準の増加にともない傾きは緩やかになる。

$q' < 0$、$q'' > 0$ という仮定より、等利潤線は図 4 − 6 のように表され、右下にいくほどより高い利潤に対応する。

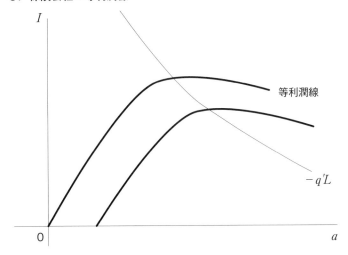

図4－6．保険会社の等利潤線

I

等利潤線

$-q'L$

0 a

　保険会社は、保険料の減額水準 I に対する消費者の努力実行関数 $a(I)$ を所与として、利潤最大化する I を決定すると考えるので、最適な減額水準 I^{*} は、等利潤線が消費者の努力実行曲線に接する点で示される。すなわちその点では、努力実行関数 $a(I)$ の傾きの逆数と等利潤線の傾きが等しい。したがって（3-47）より1階の条件として

$$-\frac{I+q'L}{a}=\frac{1}{a'} \tag{4-39}$$

が得られる。この条件を満たす、均衡における努力水準と減額水準の組み合わせは $[a(I^{*}),\,I^{*}]$ となる。この状態は保険会社を先導者、顧客を追随者とする一種のシュタッケルベルク均衡と考えられる。保険会社にとっては、顧客の努力水準が所与で変化しないのであれば、最適な減額水準は0となり、戦略を変更する誘因をもつので、$[a(I^{*}),\,I^{*}]$ はナッシュ均衡ではない。

図4－7．保険会社の利潤最大化点

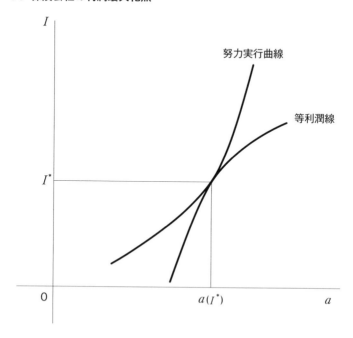

○均衡の効率性

　均衡 $[a(I^*), I^*]$ はパレート効率的ではない。この均衡状態より減額水準を上げ、努力水準を上げることによってパレート改善的な状態が可能となる。すなわち保険会社の期待利潤が増加し、顧客である消費者の効用水準も増加する。

図4-8. 均衡よりもパレート改善的な組み合わせ

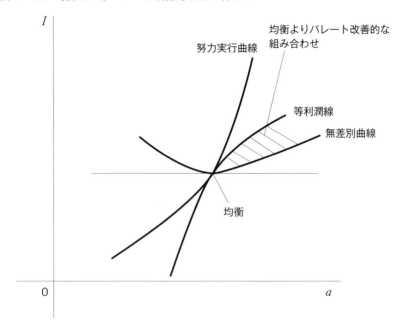

○パレート効率性の条件

　パレート効率的な努力水準 a と減額水準の組み合わせ I は、保険会社の等利潤線と顧客である消費者の無差別曲線の接点で示される。そこでは等利潤線の傾きと消費者の無差別曲線の傾きが等しく、以下の1階の条件が成立する。

$$-\frac{I+q'L}{a}=-\frac{U'I-V'}{U'a} \qquad (4\text{-}40)$$

図4−9. パレート効率的な組み合わせ

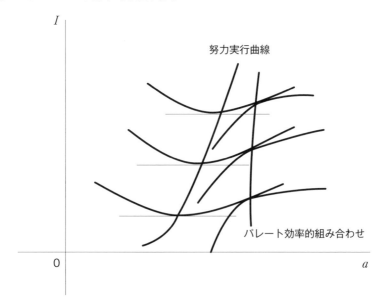

パレート効率的な組み合わせは努力実行曲線上にないため、安定的ではない。その減額水準の下で顧客である消費者は努力水準を努力実行曲線で示される値まで下げる誘因をもつ。また、前述したように保険会社にとっては、顧客である消費者の努力水準が所与であれば減額水準を0にする誘因をもつ。

○誘因付与の効果

努力に対する保険料の減額という誘因が付与されていない場合と比較する。誘因が付与されていないときの事故発生確率から誘因が付与されて努力水準が正のときの事故発生確率を引いたものに事故発生の損害額をかけたものが、損害額減少の期待値である。

$$L\{q(0) - q(a)\} \tag{4-41}$$

それが顧客と保険会社に分配されると考えられる。顧客の可処分所得の増加額は、保険料の減額水準 aI であり、保険会社の顧客一人当たり利潤の増加額の期待値は（4-41）の値から減額水準を引いた

$$L\{q(0) - q(a)\} - aI \tag{4-42}$$

である。均衡において

$$0 < aI < L\{q(0) - q(a)\} \tag{4-43}$$

であれば、誘因が付与されていない場合と比べてパレート改善的な状態にあり、個別合理性を満たすと考えられる。すなわち a と I の組み合わせが

$$I < \frac{L\{q(0) - q(a)\}}{a} \tag{4-44}$$

を満たせば均衡が実現可能と考えられる。

（4-44）式を等号で満たすような a と I との関係を考える。$q' < 0$、$q'' > 0$ の仮定から、$Lq(a)$ は図4-10のように示される。

図4 −10. 努力水準と損害額

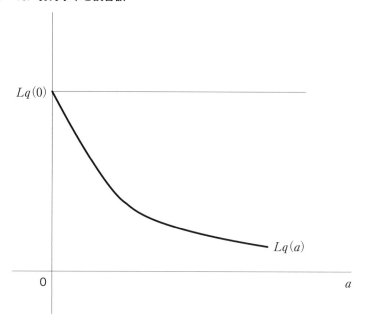

したがって $L[q(0) - q(a)]$ は図4 −11 のように示される。

$\dfrac{L\{q(0) - q(a)\}}{a}$ は図4 −11 のように原点から $L[q(0) - q(a)]$ のグラフ上の点に引いた線分の傾きで表されるので、a の増加にともない減少し、その傾きは次第に緩やかになっていく。

図4－11. 努力による損害額の減少

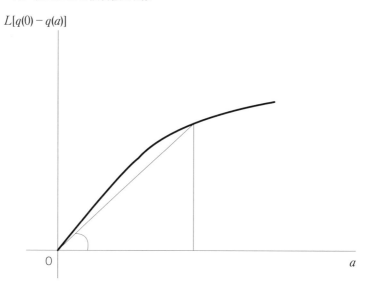

したがって $I = \dfrac{L[q(0) - q(a)]}{a}$ を満たす組み合わせは図4－12で描か

れている形状になり、その下側の領域が（4-44）式の条件を満たし、市場

において実現可能と考えられる。

図4−12. 実現可能な組み合わせ

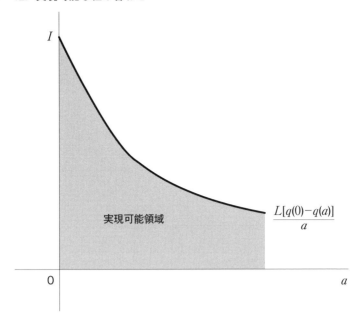

　均衡が個別合理性を満たし実現可能な場合が図4−13で示され、個別合理性を満たさず実現不可能な場合が図4−14で示されている。

図4−13. 均衡が個別合理性を満たす場合

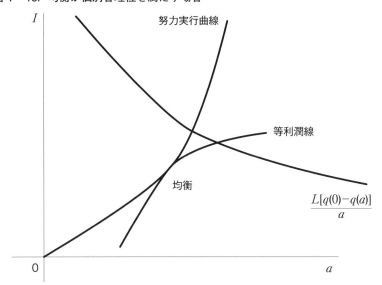

図4−14. 均衡が個別合理性を満たさない場合

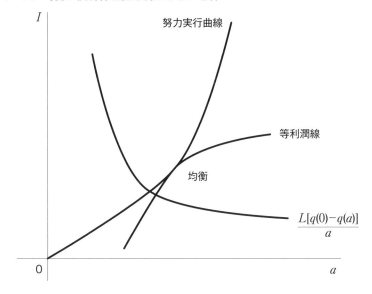

第5章 企業の社会的責任と見識ある自己利益

5-1 企業の社会的責任（CSR）

○ CSR とは

　営利企業も社会のなかで活動している限り、利潤最大化や企業価値の最大化といったものだけではなく、相応の責任を果たすことが求められる。それを企業の**社会的責任**（Corporate Social Responsibility: CSR）と呼んでいる。

　CSR の定義は必ずしも明確ではないが、従業員、株主、顧客、地域社会などの利害関係者（ステークホルダー：stake holder）から要請される、**法令順守**、**説明責任**、**経営の透明性**、**社会貢献活動**などが含まれ、企業本来の生産活動全般にかかわるものである。すなわち、企業活動が社会に与えるさまざまな影響に責任をもち、利害関係者からの要求に対して適切な行動をとることである。

　CSR は企業によるある種の公共財の供給であり、法的な基準とは独立になされるもの、とも捉えることができる。戦略的なものと、市場の力によるものとにも分けて考えることができる。

　また、共通価値の創造（Creating Shared Value: CSV）とは、社会問題を企業の事業戦略と一体のものとして扱い、事業活動としての利益を得ながら、社会問題の解決を図り、企業と社会の双方がその事業により共通の価値を生み出すこととされる。すなわち、企業による経済利益活動と社会

的価値の創出（＝社会問題の解決）を両立させること、およびそのための経営戦略のフレームワークを指す。

利害関係者との間での CSV の最大化、企業の潜在的悪影響の特定、防止、軽減を CSR とする考え方もある。

○ CSR に対する社会的背景

CSR に対する近年の関心の高まりの背景には、利害関係者の価値観が変化したことが考えられる。従来よりも、より社会との調和を考慮した経営が各企業に求められている。

投資家の観点からは、後述する社会的責任投資に関心が高まっている。消費者の観点からは、財・サービスに対し、それらを供給する企業の社会的責任を考慮した評価が一段と厳しくなり、それが売れ行きにより大きな影響を与える状況になっている。さらに、取引先の観点からは、社会的責任を果たしていることを取引要件の 1 つとする企業や自治体が現れていることで、営利活動としての業務を続けるうえでも CSR が重要になってきている。

○経営戦略としての CSR

CSR について野村総合研究所では、企業の社会性を「予防倫理－積極倫理」、「事業内領域－事業外領域」という 2 つの軸によって整理し、企業が取り組むべき 3 つの領域を設定している。

予防倫理に基づく取り組みとは、その企業の活動が社会に対し負の影響を与えないように予防する、あるいはすでに負の影響を与えている場合にはそれをなくすことを意図するものを指す。積極倫理に基づく取り組みとは、社会に対して正の影響を与えることを意図するものを指す。これらの基準から、企業の取り組むべき以下の 3 つの領域が設定される。

企業倫理・社会責任：予防倫理に基づく法例遵守活動や自己規制活動などで、企業の存続や競争力をつけるための前提条件と位置づけられる。

　投資的社会貢献活動：積極倫理に基づく事業外領域の取り組みで、投資的社会貢献活動および慈善的社会貢献活動などであり、企業と社会との良好な関係の構築を目指すものである。

　事業活動を通じた社会革新：積極倫理に基づく事業内領域の取り組みで、事業活動を通じて社会を革新し、社会価値の創造を意図するものを指す。ビジネスモデル自体に社会性を組み込むことによって、他企業との差別化がなされ顧客の支持が得られるのであれば、その企業の競争力の強化につながる。

○日本における CSR の展開

　日本においては、経済同友会が「経営者の社会的責任の自覚と実践」を決議した 1956 年が「CSR 元年」ともいわれている。

　1960 年代は産業公害が多発し、企業に対する不信感や企業性悪説が噴出した。1967 年に「公害対策基本法」が成立した。こうした事態への企業の対応としては、現場における産業公害への個別対策が主であった。

　1970 年代前半は、田中角栄内閣による「日本列島改造論」や 1973 年の第 1 次石油ショック後の、企業の利益至上主義に対する批判が相次いだ。商法改正や CSR 国会決議（1974 年）などの動きを受けた企業の対応としては、公害対応部署の創設や企業利益を社会に還元するための財団設立が相次いだ。

　1980 年代は、「総会屋事件」などの一連の不祥事や、いわゆるカネ余り・バブル拡大などの事象を受け、企業の対応としてフィランソロピーやメセナといった社会貢献活動が活性化した。

　1990 年代は、バブルが崩壊し、企業倫理問題や地球環境問題が顕在化し

た。1991年に日本経済団体連合会（経団連）が「企業行動憲章」を制定し、企業の対応としては行動規範の策定や、地球環境問題に対応する部署の設置が続いた。

　2000年代は、企業の不祥事が相次ぎ、新しい利害関係者が認識された。その企業が社会的責任を積極的に果たしているかを判断基準として投資対策を選定する欧米の社会的責任投資（SRI）ファンドが日本に導入され、CSR格付けが普及した。企業の対応としてはCSRを担当する部署の設置が相次いだ。2003年を日本の「CSR経営元年」とする見方もある。

　2010年代は、2010年の「社会的責任の国際規格（ISO26000）の発行や経団連が「企業行動憲章」を改訂したことを受け、CSR経営・報告の見直しが続いている。

5-2　社会的責任投資（SRI）

○社会的責任（Social Responsible Investment: SRI）とは

　SRIとは市場機構を通して、企業の経営者に対しCSRに配慮した持続可能な経営を求めていく投資を指す。その際に、投資対象を選択する投資基準として、これまでのような成長性や財務の健全性、株主価値の最大化といった観点だけではなく、社会問題への経営の取り組みなども考慮する考え方をいう。

　広義には、投資を行う意思決定主体の社会的価値観に基づいて投資先を選択し、投資する手法も含まれる。例としては、宗教団体がその教義にそぐわない企業を投資先から排除することが挙げられる。

○SRIの評価手法

　投資対象の決定や評価、あるいは企業に対する働きかけの手法として以

下のようなものがある。

ネガティブ・スクリーニング（negative screening）とは、投資基準に合わない企業を投資先リストから排除し、その排除後のリストを用いて投資先を選定する手法を指す。ただし排除される業種については必ずしもつねに社会的な合意が形成されるわけではない。また、それぞれの国や地域で文化的背景や経済状況が異なるため、他の国や地域の投資基準をそのまま適用することは多くの場合に困難である。

ポジティブ・スクリーニング（positive screening）とは、各企業が行っているCSRについて何らかの基準で評価し、その評価の点数に基づいて投資を行う手法を指す。一般にはアンケート調査票を企業に送付し、その回答をもとに調査機関がその企業の点数付けを行っている。

テーマ・インベストメント（theme investment）とは、温暖化対策や農業など特定のテーマに関連した企業に投資する手法を指す。

インテグレーション（integration）とは、財務分析など既存の投資決定過程に環境・社会・ガバナンス（ESG: Environment, Society, Governance）に対する企業の取り組みを組み込む手法を指す。

エンゲージメント（engagement）とは、株主の立場から提案や対話をすることで、経営者に直接働きかける方法を指す。

○ SRIの種類

SRIは以下のように、内容によっていくつかに類型化される。

コミュニティー投資とは、限定された地域（コミュニティー）の抱える問題を改善するための企業やプロジェクト等への投資を指す。

環境配慮型投資とは、環境問題に特化した、二酸化炭素の排出量や植林事業の状況など様々な企業の環境問題に対する取り組みを評価し、行う投資を指す。

CSR 経営評価による投資とは、トリプル・ボトムラインに基づいた経営評価を行い、その結果に基づいて行う投資を指す。ここでトリプル・ボトムラインとは企業活動を、経済の側面のみではなく、環境と社会という側面からも評価しようという考え方であり、ボトムラインとは、利益や損失などの最終結果を表す、企業の財務諸表の最終行を意味する。

○ SRI の歴史的背景

SRI の起源は、17 世紀英国のキリスト教教団が宗教的倫理観に基づいて、投資基準に社会的評価を適用したことに始まるとされる。1928 年に米国で最初のオープン型投資信託の 1 つに、「罪ある株」としてたばこやギャンブルに関わる企業を投資対象から排除するネガティブ・スクリーニングが適用された。

1971 年にはベトナム戦争に関わる企業を投資対象から排除し、公害対策など社会問題への取り組みに優れた企業を選択する初のポジティブ・スクリーニングを取り入れた SRI 投資信託が設立された。

2006 年に当時の国連のアナン事務総長によって、機関投資家の意思決定過程に、先述した環境・社会・ガバナンス（ESG）を受託者責任の範囲内で反映させるべきであるとして、責任投資原則（PRI: Principles for Responsible Investment）が提唱された。この PRI は、以下の 6 項目からなる。(1) 投資対象の分析と意思決定に EGS の課題を組み込む、(2) 活動的な株式所有者となり、所有方針と所有慣習に ESG の課題を組み込む、(3) 投資対象に対し、ESG の課題について適切な開示を求める、(4) 資産運用業界に対し、以上の原則が受け入れられかつ実行されるよう働きかける、(5) これらの原則の効果を高めるために協働する、(6) これらの原則に関する活動状況や進捗状況について報告する。この PRI は法的拘束力をもたないが、SRI を普及させる内容となっている。

○日本における SRI に関する課題

一般に日本において SRI に対する関心や実績は欧米諸国に比べて低迷しているといわれている。それについて以下の要因が考えられる。

まず、投資家から資産を預かり運用に携わる受託者は、投資家の利益を最優先する責任を負うが、SRI のさまざまな基準を考慮して投資することはこの責任に反するという意見が多いと考えられる。

つぎに、投資銘柄を選定する際に考慮される、各企業による環境・社会・ガバナンス（ESG）に対する取り組みに関する開示情報の信頼性が必ずしも十分でないことが挙げられる。その多くは各企業の自主的な文章によるもので、他社との比較検討が難しく、標準化の必要性や正確性の担保といった問題が指摘されている。

また、そもそも日本の個人金融資産に占める株式や投資信託の割合が他の先進国と比べて低く、SRI に対する関心も低いことが挙げられる。

○「持続可能な開発目標（SDGs）」

2015 年に国連で採択された「持続可能な開発のための 2030 アジェンダ」において掲げられた「持続可能な開発目標（SDGs）」は 17 の大きな目標と 169 の具体的なターゲット、そして 232 の評価基準からなる。SDGs の基本理念は、「誰一人取り残さない」であり、その理念の下、持続可能な社会の実現に向け、先進国・途上国の全ての国で、公的、民間セクターを問わず SDGs が掲げる目標の達成に向けた取り組みが行われることが期待される。

SDGs の掲げる「持続可能な社会実現」の背景には、環境、社会、経済（金融）面からの反省と危機感があった。環境問題では地球温暖化、社会問題としては地域格差、人権問題などが挙げられる。特に金融・資本市場では、世界的金融危機発生の原因としてショートターミズム（短期主義）の問題が挙げられ、それに対する反省から「責任投資」という考えが急速に

普及した。

　一方、国連がサポートする前述した責任投資原則（PRI）では、E（環境）、S（社会）G（ガバナンス）を投資プロセスへ組み込むこと、すなわち責任投資を行うことが企業の持続的成長を促進すると考えられている。そして、PRIへ署名する機関投資家が増え、そのような考えが長期のタイムホライゾンをベースとした運用スタイルを採用する公的年金にも広がるにつれ、自らがESGへの関心を高め、企業にそれらへの対応を促すことで企業の持続的成長を実現し、それがSDGsの目標とする「持続可能な社会の構築」につながるという認識が生まれ、ESGとSDGsが結びつくようになった。

　この結果、投資家サイドではESG投資を実践する上でSDGsに対する企業の取り組みに注目するようになってきた。現在でもSDGsを企業経営に取り込み、統合報告書などを用い、中期経営計画とSDGsとの関連付けを示す企業が存在するが、投資家サイドでの関心の高まりを受け、今後その動きはさらに進むであろう。

5-3 経営戦略としての企業フィランソロピーと見識ある自己利益

　企業のフィランソロピーを、長期的な利潤最大化行動の一環としての、1つの社会投資としてとらえる考え方は、現実の経営理念としても説得力をもっている。つまりフィランソロピーによる企業の支出増加も、その企業の社会的な評価を高め、長期的にはその利潤を増加させる方向に働くという観点である。

　そこでの基本的な考え方は、企業フィランソロピーが消費者によって評価され、その企業の製品に対する将来の需要に影響を与えるということで

ある。さらに加えれば、労働市場において良い「企業イメージ」をつくり、優秀な人材を確保しやすくなるということも含まれる。優秀な人材は生産性の向上につながる。また将来の利潤をどのように評価するか、あるいはどの程度に長期的な視野に立つか、という経営姿勢にも関係する。

　営利活動のための財の生産だけでなく、フィランソロピーについても相応の費用がかかる。企業が最大化を目的とする利潤は、財の販売から得られる収入から財の生産とフィランソロピーに要した費用を引いた額であり、短期的なものと長期的なものがある。理論モデルを用いた考察から、一般に、企業が将来の利潤をより重視するにしたがって、将来の財の供給量だけでなくフィランソロピーの水準も増加していくと考えられる。

○メセナとは

　企業による社会貢献活動の1つにメセナと呼ばれる分野がある。メセナとは、狭義には企業による芸術・文化支援活動を意味し、広義には福祉、教育、環境などを含めた社会貢献活動を指す。

　日本では1990年に公益法人「企業メセナ協議会」が設立されて企業メセナの概念が広まり、CSRの一部と捉えられている。

　メセナの語源としては、ローマ帝国初代皇帝アウグストゥスの側近として文化・広報を担当した人物である**マエケナス**の名前に由来しており、後代を通じて文化を助成することを「マエケナスする」、フランス風では「メセナする」と表現されるようになった。

○フィランソロピーの質と消費者による評価

　個別のフィランソロピーを評価するうえで重要なことは、活動の水準がどのように将来の商品サービスの価格に影響を与えるかであり、活動の内容が大きな意味をもってくる。単に企業名の宣伝だけであったり、社会的

にあまり意味のない活動に膨大な資金が費やされたりする険性はつねに存在する。社会的に意義の小さい活動については、いくら企業が資金を費やしても、消費者による評価は小さいと考えるべきである。

フィランソロピーの水準は、企業の経営姿勢だけの問題ではなく、結局は消費者が各企業の活動を長期的にかつ適切に評価できるか、そして企業はそうした消費者の評価を正しく把握できるかにかかっている。

○見識ある自己利益

市場システムや政治システムを補完するフィランソロピーの担い手として、企業をはじめとする民間組織は多くの優れた特性をもっている。とくに企業は、各種の技術や情報収集・分析などさまざまな面で優れた能力をもっている。そうした企業の行動哲学ともいうべき概念として、有効なフィランソロピーが、消費者の評価を通じて長期的な利益の増大につながるという見識ある自己利益（enlightened self-interest）が存在する。

しかし消費者の評価が、常に社会的必要性の正しい認識に基づいているとは限らない。もし企業が消費者以上に正しい判断を下すことができるなら、長期的利潤最大化と見識ある自己利益は相反する結果をもたらすであろう。見識ある自己利益を追求するなら、少なくとも短期的には消費者の評価が下がり、利潤最大化の目的から離れてゆくことを覚悟しなければならない。

だが、消費者に対する情報の提供などを通じて、そうした問題を克服しつつ見識ある自己利益を追求することで、それは長期的利潤最大化にもつながり、真の意味で企業の社会的役割を果たすことになるであろう。

こうした考えの一方で、技術の発展により、これまで実現不可能であった様々な形態の財・サービスの供給、あるいは価格付けが可能となった。これらを用い、広い意味での市場によって、すなわち供給側も需要側も誘

因に基づいて、自発的に行動することによって、結果的に社会問題を解決するような企業が現れるようになった。これらを可能にしているのは、斬新なアイデアと新しいテクノロジーである。それはまた、見識ある自己利益の新しい形態であるともいうことができる。

　従来の営利企業による社会貢献の多くは、利益の一部を寄付することであった。しかしながらこれら寄付は「富の再配分」であり、必ずしも新しい価値は生み出せない。その寄付に依存するNPOも同様である。

　もちろん、企業にとって、社会貢献とビジネスをすぐに結びつけることは容易ではない。いかに企業が利益追求である自社のビジネス活動の中に、社会貢献、社会問題の解決を「付け足し」ではなく「埋め込む」ことが出来るかを考えていくことが望まれる。

　そのような中、ビジネスが結果として社会的問題の解決に寄与している事例が見られる。それらについて続く第Ⅲ部で取り上げる。

コラム　車体を軽くして、環境への負荷も軽くする

　SDGs の掲げる「持続可能な社会実現」の背景には、環境、社会、経済（金融）面からの反省と危機感があった。環境問題では地球温暖化が挙げられているが、先述した走行距離に応じた自動車保険は人々の行動を変えて自動車の走行距離を減らそうとするものである。

　これに対して、自動車の車体そのものを変えて、環境への負荷を軽減しようという企業もある。株式会社アーレスティはアルミダイカストを中心とするメーカーである。その本業を通じた社会課題への対応を模索している。特に、アルミダイカストによる車の軽量化とアルミスクラップからの地金製造による社会課題への貢献に取り組んでいる。

　同じ走行距離であっても、車体が軽量化されていれば燃料の消費量は少なくて済み、したがって環境への負荷は軽減される。しかし車体の軽量化は簡単にできるものではない。当然に相応の専門的な技術が必要とされる。アーレスティは自社のもつアルミに関する技術を用いて、軽量化に取り組み、自社の利潤の増大だけでなく、結果として社会問題の解決を志向している。

　顧客からの持続可能社会に向けた課題解決推進に関するアンケート項目から対応ニーズを把握し、サステナビリティ会議で抜け漏れ、追加がないかを確認し、対応推進する体制を整えている。2019-2021 年の中期経営計画においては、軽くてリサイクル性に優れたアルミダイカスト製品の採用部位拡大による自動車の軽量化への貢献を中心とした活動に取り組んでいる。

　また全国から集まるアルミニウム缶、サッシ、自動車の解体スクラップなどから、独自の分析機器や長年のノウハウを活用して、品質の優れた工業用アルミニウム合金地金を生産している。特に 1997 年に全国で初めて改正民活法におけるアルミニウム缶リサイクル施設として認定を受けたアーレスティ熊谷工場では月産 3,000 トンの生産能力をもち、生産された地金は日本各地へと出荷されている。

持続的な成長のために注力する取り組み

分野	注力するテーマ		関連する主な SDGs 項目
ガバナンス	高い透明性を保ち迅速な意思決定ができる経営体制の確立	・コーポレートガバナンスの充実	16 平和と公正をすべての人に 17 パートナーシップで目標を達成しよう
		・リスク管理の徹底	
		・コンプライアンスの徹底	
		・株主・投資家との建設的な対話	
社会	成長と働きがいを感じられる風土づくり	・安全で働きやすい職場の確保	4 質の高い教育をみんなに 8 働きがいも経済成長も 9 産業と技術革新の基盤をつくろう
		・働き方の多様化への対応	
		・高い品質と生産性の確保	
		・ものづくりを支えるひとづくり	
		・地域社会と共に	
環境	環境にやさしい企業の実現	・アルミダイカスト製品を通じた車の軽量化への貢献	13 気候変動に具体的な対策を 7 エネルギーをみんなにそしてクリーンに 3 すべての人に健康と福祉を 6 安全な水とトイレを世界中に 11 住み続けられるまちづくりを 12 つくる責任つかう責任
		・アルミスクラップからの地金製造	
		・製造工程での環境負荷の低減	

SDGs（持続可能な開発目標）とは

2015年9月の国連サミットで採択された「持続可能な開発目標のための2030アジェンダ」に記載された国際目標。

持続可能な世界を実現するために、発展途上国、先進国に関係なく全ての国が2030年までに達成すべきものとして、17の大きな目標と169の具体的なターゲットで構成されている。

＊株式会社アーレスティ『Ahresty Report 2019』より。

第Ⅲ部
ビジネスによる社会問題の解決へ

6-1 健康増進型保険

6-2 スマートフォンのデータによる
無担保少額融資

6-3 AI で子どものネット活動を見守る
アプリ

6-4 衛星コンステレーション

7-1 電力のネガワット取引

7-2 走った分だけ保険料を払う自動車
保険

8-1 屋内農業（植物工場）

8-2 植物由来の代替肉

8-3 昆虫工場

8-4 農業の天候リスクに対する保険

8-5 コーヒー豆を使わない分子コーヒー

第6章
新しい技術が個人の行動を変える

「世界を変えた 14 の密約[1]」という本に以下の文がある。

　わたしたち人間は、完璧な地球をリスクという経済モデルに基いて破壊へと導いている。しかし、いま取るべきリスクは、わたしたちを救うためのリスクであった、さらに地球を破壊に導くようなリスクでなない。地球を救うことが破壊するよりも儲かると企業が気づいたときが転換期だ。そうでなければ先物市場で地球の滅亡にかけた方がいい。」

　環境問題を含め社会問題を解決していく上で、寄付やボランティアだけでは永続性に乏しい。寄付は「富の再配分」であり、意義は生み出せても新しい価値の創出にはならない。企業が利益を生むことが同時に社会問題を解決していく仕組みが求められる。そもそも、企業は社会に役立つ商品やサービスを提供することを目的に生まれ、成長してきた。例えば、ユニリーバの最初のビジネスである「サンライト」石鹸は、英国の衛生問題を解決しようとしたことが発端であった。

　日本には古くから「三方よし」という言葉がる。三方よしとは「買い手よし」「売り手よし」「世間よし」である。一般的には、自らの利益のみを追求することなく社会全体の利益を考える、という意味で使われる。一歩踏み込んで、顧客に幸福感をもたらし、その対価として企業が利益を得、さらにその結果として社会問題が解決される、そういうビジネスのアイデアが求められる。

以下、その具体的事例を紹介する。そこに共通してあるのは、「創業者の思い」とそれを可能にした「新しいテクノロジー」である。

6-1 健康増進型保険
——健康的な生活は財政負担を削減する

「健康はこの上なく高価で失いやすい宝である。ところが、その管理はこの上なくお粗末である。」ショヴォ・ド・ボーシェーヌ（フランス国王シャルル 10 世の専属外科医）

———

国立社会保障・人口問題研究所によると 2017 年度の医療費は約 39.4 兆円、社会保障給付費の約 1/3 を占める（図 6 - 1）。日本の GDP（国内総

図6－1．部門別社会保障給付費の推移

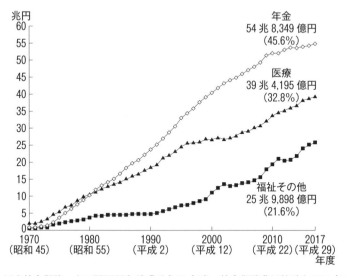

（出所）国立社会保障・人口問題研究所「平成 29 年度　社会保障費用統計」2019 年 8 月。

生産）の7.2％に相当する。高齢化の進む日本では、今後も医療費の増加が予想される。2040年度には、70.1兆円（GDP比8.9％）という試算もある[2]。

　高齢化で増大する医療費を抑制するための方策の1つとして、「健康増進型保険」に注目が集まっている。健康増進型保険とは一言で言えば、「健康な人ほど得をする保険」である。この保険のメリットは、健康を維持しようとする意識が自然と高まることである。日頃から食生活に気をつけ、積極的に運動することで、結果病気になるリスクが減少すれば、個人の医療費が減少し、国としての社会保障費の削減につながる。

○ディスカバリー社の「Vitality」プログラム

　「健康増進型保険」の事例としては、南アフリカ共和国の「ディスカバリー（Discovery Limited）社」が1997年に提供を開始したウェルネスプログラム「Vitality」が有名である。このプログラムでは、通常の保険プランへの加入に加え、月々会費を支払いプログラムに入会した加入者は、検診等による健康状態の把握、運動等による健康状態の改善によって保険料の割引や各種特典を受ける仕組みとなっている。

　このVitalityプログラムは、2019年6月時点で世界21の国と地域、1,130万人の会員が利用しているとされる（図6-2）。日本においても、2016年7月、ソフトバンクと住友生命保険がディスカバリー社と共同で「健康増進型保険」の開発に関するプロジェクトを立ち上げ、2018年7月、住友生命「Vitality」の発売を開始している[3]。

　また、ディスカバリー社については、マイケル・ポーター教授（Michel E. Porter）らによってハーバードビジネススクール（HBS）のケーススタディとしても取り上げられている[4]。

図6−2．Vitality を展開している国と地域

Vitality は、1997 年に南アフリカで誕生。
世界 21 の国と地域、1,130 万人（2019 年 6 月末時点）に広がっています。
（出所）住友生命保険「Vitality」ウェブサイト。

○ライフスタイルの改善

　ディスカバリー社の創業者、エイドリアン・ゴア（Adrian Gore）氏は、
人々の健康を増進することをビジネスのベースにしたいと考えていた。そ
して、心臓病、脳血管疾患、糖尿病および多くの癌などの慢性疾患（chronic
diseases）にフォーカスし、ヘルスケアの需要（入院、薬等の費用の発生
するもの）の削減に取り組むことにした。慢性疾患は、喫煙、運動不足、
過度の飲酒、健康に良くない食事習慣といった個人のライフスタイルが大
いに関係している[5]。これを改善することが出来れば、保険加入者は健康
を維持し、病気（慢性疾患）になる可能性が下がり、保険会社の経営にも
プラスになるという訳である。

○行動経済学を参考にインセンティブを付与

しかしながら、人はそれが健康にいいと分かってはいても、なかなか実行出来るものではない。「わかっちゃいるけどやめられない」というやつである。そこで、インセンティブをつけることを考えた。その際に参考となったのが「行動経済学」であった。行動経済学によれば、報酬の大きさよりもインセンティブの種類、性質、タイミングが、行動を起こさせる上で重要となる[6]。

いくつか例を挙げると、

①　現在（志向）バイアス（Present bias）

　　　未来の利益よりも目先の利益を優先してしまう。

　→プログラムに加入すると1年目から保険料が割引になる。

　→毎日ポイントを付与する

②　現状維持バイアス（Status quo bias）

　　　大きな状況変化でない限り現状維持を望む。今のままでいたい。

　→きっかけ（インセンティブ等）を提供

　→逆に一度習慣化すると、運動を続ける

③　損失回避性（Loss aversion）

　　　利益よりも損失の方が2倍強く感じる。

　→取り組み状況により保険料が上がることがある（割増）。これを避けようと頑張る。

○スマートフォンとウェラブル機器の活用

例えば、住友生命の「Vitality」プログラムのような健康増進型保険では「スマートフォン」とアップルウォッチのような「ウェアラブルデバイス」が大きな役割を果たしている。わざわざデータを保険会社に送信することは加入者に負担がかかり、継続が難しい。また、不正も起こりうる。

スマートフォンのアプリからデータが自動的に収集される。また、ウェアラブルデバイスは歩数だけはなく、脈拍を測定出来るものもある。それらのデータがスマートフォンを介して自動的に保険会社に送信される。まさに新しいテクノロジーによって可能となったデータおよびその収集方法によって、発想が現実化したのである。

　また、ディスカバリー社では、ウェアラブルデバイスのメーカーと協力して、今までにないデータトラッキングの可能性について検討しているとのことである。フィンランドの通信機器大手ノキア（Nokia）のラジーブ・スリ（Rajeev Suri）CEO は 2018 年 1 月のダボス会議（世界経済フォーラムの年次総会）での公演で「ウェアラブル機器による継続的なモニタリングにより、ガンが発症する数ヶ月前に発見出来るようになる」と述べている[7]。そういう日が来るのもそう遠くはないのかもしれない。

○正直者がきちんと報われる仕組み

　「Vitality」プログラムについては、「加入時またはある一時点の健康状態を基に保険料を決定し、病気等のリスクに備える」という従来の生命保険とは一線を画し、「加入後毎年の健康診断や日々の運動等、継続的な健康増進活動を評価し、保険料が変動する」という新しい保険の形、という説明が見られる[8]。

　生活に改善が見られないと、逆に保険料が上がる。これは、損失回避性を利用して、健康増進に努めるインセンティブになると同時に、そういう加入者がプログラムから退出し、他の保険商品に移っていく可能性もある。保険会社は優良な契約者のみを抱え、収益性が向上していくことになる。

　従来の保険商品では、健康に気をつけて病気になりにくい人もそうでない人も年齢等が同じであれば、統計的に保険料が決まっていた。今後は個人の健康への取り組みが反映されるようになる。さらに将来、不健康な生

活を送っている人は契約できる商品がない、あっても非常に保険料が高額、という時代がくるのかもしれない。

○実際に医療費の削減に効果

　健康増進型保険のプログラムは、実際に効果があったのだろうか？

　南アフリカの約95万人を対象に行った調査によると、Vitality プログラムに熱心に取り組んだグループはそれ以外のグループに比べ、入院率（admission rate）が循環器疾患で7%、癌13%、内分泌代謝疾患では20%低いという結果が出た。保険会社が提供する「インセンティブベースのウェルネスプログラム」への参加は医療費の削減と関連していたと結論づけている[9]。

○個人が健康になれば社会も健康に

　図6－3はディスカバリー社の統合報告書（2017年版）の記載が元となっている。プログラムのインセンティブにより加入者がより健康になり、保険会社も収益が向上、その結果、社会的にも生産性向上、医療費負担の軽減が実現される。まさに、三方よし「売り手よし、買い手よし、世間よし」と言えよう。

図6-3．Discovery「Vitality」の期待される効果

（出所）住友生命保険相互会社、Discovery Ltd.、ソフトバンク株式会社「『健康増進
型保険』で日本をもっと健康に」（説明資料）「Japan Vitality Project」2016 年 7
月 21 日。

6-2　スマートフォンのデータによる無担保少額融資
——銀行口座を持たない人でも融資を受けられる

○世界で 17 億人が銀行口座を持っていない

　世界銀行の報告書「The Global Findex Database 2017」[(10)]によれば、世
界全体で 2011 年以降に銀行口座を使えるようになった（15 歳以上の）成
人の数は、約 12 億人増加、過去 3 年間だけでも 5 億人以上が口座を開設し
ている。それでもいまだ銀行口座を持っていない成人の数は 17 億人に上
る。一方で「その 3 分の 2 は、金融サービスへのアクセスに使える携帯電
話を所有しており、IT 技術を活用すれば、銀行口座を保有しない人々を金

融システムに組み込める可能性がある」と同報告書では指摘している。

○アフリカでマイクロファイナンスを行う「タラ（Tala）」

　アフリカ等の新興国でマイクロファイナンス[11]を行うスタートアップ企業（ベンチャー企業）である「タラ（Tala）社」は、銀行口座を持っておらず、過去に借入実績もないために一般の金融機関から融資を受けることが出来ない人びとに対して、スマートフォンに保存されている多様なデータを活用することで融資を提供している。

　タラ社は2011年、同社のCEO（最高経営責任者）であるシヴァーニ・シロヤ（Shivani Siroya）氏によって創設された[12]。シロヤ氏は、タラ社を創業する前、国連人口基金（UN Population Fund）に勤務していた。そこで、西アフリカとサハラ以南のアフリカ9カ国において3,500人以上の人々にインタビューを行い、「金融アイデンティティー（financial identity）を持たないがために融資を受けることができない勤勉な人々に出会った」と語っている[13]。

○ケニアでの融資ビジネスを開始

　タラ社は当初インドで事業を開始したが、後にケニアでの事業に焦点を移した。ケニアを選んだ理由として、「M-Pesa[14]」でと呼ばれるモバイル送金・決済サービスが普及していたことがあげられる。銀行口座を保有していない人でも、モバイル（携帯電話）を銀行口座のように利用できる仕組みの草分けが、ケニアのモバイルネットワーク事業者である「サファリコム（Safaricom）[15]」が2007年からサービスを開始したM-Pesaである。M-Pesaに銀行口座やスマートフォンは必要ない。プリペイドカードに現金をチャージするように、モバイル会社の店頭で現金を預けることで、モバイルネットワーク上の個人の口座上に資金を管理でき、この口座残高を

ショートメッセージの仕組みを使って、決済や送金に充てることが可能となる。

　タラ社への融資の申し込みはタラの提供するスマートフォン（Android）アプリを通して行われる。同社は 2014 年初頭にこのアプリを利用したサービスを開始した。すでに当時、ケニアの成人の約 6 割、約 2,620 万人がモバイル送金・決済のためのアカウントを保有していた[16]。

○融資の実例

　シロヤ氏の「TED トーク[17]」でのプレゼンテーションの中で、以下のような事例が紹介されている[18]。

————

　ジェニファーはケニアのナイロビで小規模な事業を経営している。ジェニファーは 65 歳。何十年もの間、自分の屋台をナイロビの中心商業地区で営んできた。3 人の息子がおり職業専門学校に通わせている。地域の貯金サークルのまとめ役もしている。屋台の仕事はうまくいっており、収入と収支はトントン。しかし、経済的な保証はない。緊急事態が起これば借金を抱える可能性もある。自由裁量所得がないため、家族の生活を向上するために使ったり、緊急事態に備えたり、事業拡大に投資するお金はない。

　ジェニファーが借り入れをしたい場合、選択肢は限られている。小口融資を受けるためには信用性を保障してくれる人を何人か確保しなければならない。それでさえ受けられる融資額はあまりに小さく、投資効果が望めるような額ではない。平均 150 ドル程度。もちろん消費者金融から借りる手もあるが、300％を大幅に超える利子がつくためリスクがつきまとう。ジェニファーには担保にできる財産も信用履歴もないため、銀行で事業融資を受けることができない。

ある日、息子に説得されて携帯電話のアプリをダウンロードしローンを申請した。携帯を使っていくつかの質問に答え、デバイス（電話機）の主要データポイントにアクセスを許可した。出てきた情報は、マイナス部分からいうと、貯金残高は少なく融資履歴はない。こういった点は従来型の銀行にすれば危険信号だったであろう。しかし、出てきた履歴の中の他の情報からジェニファーの秘める資質をよりくっきりと読むことが出来た。

　１つ例をあげると、ウガンダにいる家族に定期的に電話をかけていた。実はデータによると、少数の連絡先と規則正しく連絡を取る人は返済率が４％高い。また、ジェニファーは日中たくさん移動するものの、実際の移動パターンはほぼ同じで、家にいるか屋台にいるかのどちらかであった。これもデータによると、安定して同じ場所で１日のほとんどを過ごす利用者は返済率が６％高い。また、ジェニファーはたくさんの人々と１日を通じて交流があり深い協力関係を築いていた。データによれば、交流先が58以上ある利用者は優良な借り手である可能性が高い傾向にある。ジェニファーの場合89人と個別に交流があることがわかり、これにより返済率が９％高く予想された。

　これはわが社（タラ）が個人の信用力を理解する際にチェックする何千とある様々なデータポイントのほんの数例である。こういった異なるデータポイントを全て分析した上で、わが社は初期リスクを負ってジェニファーに融資した。

　（略）

　過去２年間を通してわが社のサービスを利用しジェニファーの貯金は60％増えた。さらに屋台も２つ増え、自分のレストランをはじめる計画もしている。現在、銀行の中小企業向け融資を申し込んでいる。今では

信用履歴がついて融資を受ける資格を証明できるからである。

———

○スマートフォンのデータによる融資判定

タラ社のアプリは、スマートフォンに保存されている約1万のデータポイント（例えば支払い履歴、移動履歴など）から独自のクレジットスコアを作成し、申請者の返済能力（borrowing potential）を評価する。これは、上記の例でみたように、ネットワークの多様性、社会的つながり、地理的パターン等を考慮に入れるという点で、従来のクレジットスコア判定モデルに比べユニークである。

なお、不公正なバイアスを排除するためにタラ社では、返済結果と相関することを認識しているにもかかわらず「性別（gender）、所在地（location）、言語（languages）を自社の分析モデルに組み込むことはしない」としている[19]。

申請者の85%が10分以内に融資を受ける。一回の平均融資額は50米ドル。返済は90%を超える。信用モデルを利用する前はデフォルト率が50〜60%であったものが、同社の信用モデルにより10%以下になったということである[20]。2016年、タラ社はケニアで約30万人に100万件以上の融資を実施した。

○顧客の信用履歴の構築をサポート

ケニアでのタラ社の顧客の大多数は、25歳〜34歳、十分に教育を受けた、一日2〜19米ドルの収入のある新興中産階級（the emerging middle class）の一部であり、ほとんどは安定した職に就いているか、零細・小規模企業（small or micro-businesses）の経営者である。

タラ社では、顧客が公的な信用記録の構築を助けるためにケニアの信用

調査局（Credit Reporting Bureau：CRB）に信用履歴の報告を行っている。これにより銀行からの融資を受けられるようになることを期待している。

○融資によって生活の不安を軽減

また、タラ社による融資は、所得ショックを平滑化し、精神的ストレスを軽減することによって、顧客の生活にポジティブな影響を与えるとの調査結果も出ている[21]。例えば、病気や事故の場合にお金がなくて治療を受けることが出来ないということを回避出来る。また、融資を経験することで必要なときに信頼出来る選択肢としてタラ社の融資を考えることが出来る。その結果として、生活上の不安を軽減出来るということである。

○金融リテラシー教育

タラ社は課題の1つとして、金融リテラシーの教育をあげている。スマートフォンを使って融資を受けるという行為だけでは、利用者の金融リテラシーを向上させることは出来ないとの調査結果が出ており、同社の製品（アプリ）に金融教育を追加することを検討している。

具体的には、顧客の財務の健全性向上、複数機関からの借入れによる過剰債務防止などである。加えて、上記の信用情報を構築することで銀行からの借入れ等の追加の金融サービスを受けることが可能となるという点も認識していない利用者が多く、それに対する教育も含まれる。

○ペイパルによる戦略的出資

2018年10月、ペイパル（PayPal）はタラ社に対する戦略的出資（金額未公開）を発表した[22]。ペイパルは「タラとは特に銀行口座を持たない、伝統的な金融システムから十分なサービスを受けていなかった人々に対する金融サービスを再考する、という我々のビジョンを共有している」とコ

メントしている。

　また、ペイパルのダニエル・シュルマン（Daniel H. Schulman）CEO は「新興国で新しいメソッドがうまく機能するのであれば、3千万人以上が銀行口座を持っていない米国でも採用可能であろう」と語っている[23]。タラ社の技術を含め、新興国で有効性が認められたメソッドを米国等の先進国に展開しようとする動きも出てくるであろう。

○従来利用されていなかったデータの活用

　タラ社のシロヤ CEO は雑誌のインタビューのなかで「（既存の）金融機関は顧客の日常生活に目を向けていない」と語っている[24]。タラ社は従来信用審査に用いられることのなかった個人のネットワークや社会的つながりといったデータを利用して、新たな信用スコアを算出し、融資ビジネスに利用した。ビッグデータ、AI といった IT の進歩により従来の融資審査とは異なる手法がみられるようになってきている。

　例えば、米国のスタートアップ企業である「ハーベスティング（Harvesting Inc、2016 年創業、本社：米国カリフォルニア州）社」は、人工衛星からのデータと AI（人工知能）を活用して農家への融資のサポートを行っている。同社では、ディープラーニングと AI を搭載した1万 1,000 台以上のコンピューターによって NASA（米国航空宇宙局）や ESA（European Space Agency, 欧州宇宙機関）などの衛星画像を処理し、データインサイト、予測、信用スコアに変換する。信用スコアは銀行やマイクロファイナンス機関と共有する。また、融資機関は融資先の農場のパフォーマンスが予想に対して一定以上変化した場合、自動で通知を受け取ることが出来る。一方、農家に対しては、農地の遠隔監視により作物の収穫リスクと損害が最小になるよう早期警報システムを提供している。

　今後、さまざまな分野で従来利用されていなかった、利用することが出

来なかったデータの活用による新たなソリューションが提供されるように
なってこよう。

6-3 AIで子どものネット活動を見守るアプリ
──ネットの子どもの自殺を減らす

○急増するネットいじめ

　文部科学省の「児童生徒の問題行動・不登校等生徒指導上の諸課題に関
する調査」によると、2017年度に全国の小中高校などで認知した「いじめ」
は過去最多の41万4,378件、前年度から9万1,235件（28.2%）の増加で
あった（図6-4）。いじめの種類別では、「パソコンや携帯電話等で、誹
謗・中傷や嫌なことをされる」が1万2,632件と過去最多を更新した。イ
ンターネットやSNS（交流サイト）上での誹謗中傷など表に出にくいネッ
ト上のいじめが増加しており、大きな社会問題となっている。

　この状況は日本だけのものではない。米国の12歳から17歳の子どもの
約37%がネットでのイジメ（Cyberbullying）を受けたことがある、との

図6-4.　いじめの認知（発生）件数の推移

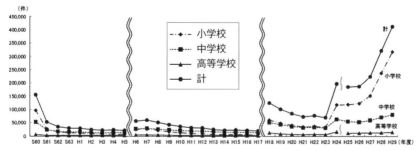

（出所）文部科学省「平成29年度児童生徒の問題行動・不登校等生徒指導上の諸課題に関
　　　する調査結果について」2018（平成30）年10月25日。

調査結果も見られる[25]。

○子どもの自殺

2017 年の人口動態統計（厚生労働省）によると、戦後初めて日本人の 10 歳〜14 歳の死因として自殺が 1 位になった。15 歳〜19 歳の死因も自殺が 1 位となっており、約 4 割を占める（表6 - 1）。近年、国内の自殺者数が大きく減少するなか、10〜20 代で改善が進まないことに懸念が広がっている。

一方、米国疾病対策センター（CDC）によると、自殺は米国の 12 歳〜14 歳、15 歳〜24 歳の死亡原因の第 2 位となっている。1 位は両年代とも不慮の事故、15 歳〜24 歳の死亡原因の 3 位は殺人となっている。同 CDC のレポートによると、自殺をはかる 10 代の若者の 5 人に 4 人が明確な警告サインを出していたとされる。

また、2018 年、米国では 24 件の学校での銃撃事件が発生し、114 名の死傷者が出ている（28 名の生徒が死亡）[26]。

表6－1. 年齢別にみた死亡順位（2017年）

年齢 Age	第1位			第2位		
	死因 Causes of death		死亡数 Deaths 死亡率 Rates （構成割合） （%）	死因 Causes of death		死亡数 Deaths 死亡率 Rates （構成割合） （%）
総数 Total	悪性新生物〈腫瘍〉		373,334 299.5 (27.9)	心 疾 患		204,837 164.3 (15.3)
0歳 Year	先天奇形、変形及び染色異常		635 67.1 (36.1)	周産期に特異的な呼吸障害等		236 24.9 (13.4)
1～4歳 Years	先天奇形、変形及び染色異常		178 4.6 (25.7)	不慮の事故		70 1.8 (10.1)
5～9歳	悪性新生物〈腫瘍〉		75 1.4 (21.4)	不慮の事故		60 1.2 (17.1)
10～14歳	自　　殺		100 1.9 (22.9)	悪性新生物〈腫瘍〉		99 1.8 (22.7)
15～19歳	自　　殺		460 7.8 (39.6)	不慮の事故		232 3.9 (20.0)
20～24歳	自　　殺		1,054 17.8 (52.1)	不慮の事故		335 5.7 (16.6)
25～29歳	自　　殺		1,049 17.5 (46.1)	不慮の事故		288 4.8 (12.7)
30～34歳	自　　殺		1,280 18.6 (39.3)	悪性新生物〈腫瘍〉		616 9.0 (18.9)
35～39歳	自　　殺		1,366 17.8 (28.8)	悪性新生物〈腫瘍〉		1,145 14.9 (24.1)
40～44歳	悪性新生物〈腫瘍〉		2,649 28.5 (30.0)	自　　殺		1,628 17.5 (18.5)
45～49歳	悪性新生物〈腫瘍〉		4,764 51.2 (34.0)	自　　殺		1,872 20.1 (13.4)
50～54歳	悪性新生物〈腫瘍〉		7,267 90.5 (38.1)	心 疾 患		2,393 29.8 (12.6)

（注）構成割合（%）は、それぞれの年齢別死亡数を100とした場合の割合である。
（出所）厚生労働省「平成29年人口動態統計（報告書）」2017年。

○スマートフォンアプリによる対策

　米国では、テクノロジーを活用してこのような状況を改善しようとする動きが見られる。その1つが「Bark（バーク）」と呼ばれるスマートフォンアプリである。アプリ「Bark」は、AI（人工知能）を使って、子どものSNSやテキストメッセージを監視し、何か懸念すべき内容が書き込まれると、両親や教師に警告を発する。Barkは「犬の吠える声」を意味する英語である。

　Barkを開発したブライアン・ベイソン（Brian Bason）氏は、キャリアのほとんどをソーシャルメディアやモバイルテクノロジーの分野に従事していた。2013年10月からはソーシャルマーケティングのスタートアップ企業「Niche」のCTO（最高技術責任者）を務めていた（同社は2015年2月Twitterに買収された）。

　彼は仕事柄、子どもにインターネット接続デバイス（PCやスマートフォン）を与えることに伴うリスクをよく知っていたが、いざ自分の子どもがそういう状況になったとき、「親としての適切な解決策がないことに気付いた」という。また、自分の子どものデバイスを常に監視することは現実的ではなかった。また、「子どもたちを信頼していない」というメッセージを送りたくもなかった。そのため、2015年7月、彼は会社を辞め、自ら会社設立し（社名も「Bark」）、Barkの開発を開始した。

　Barkは、児童心理学者、青少年アドバイザー、デジタルメディアの専門家、法律の専門家と共同で作成された。AIを搭載しており、キーワードだけでなく子どもがやり取りするメッセージの微妙なニュアンスも読み取ることができる。

　データの収集先となるのは約25のソーシャルメディアやメッセージアプリ、Eメールなどである。Barkは暴力的なコンテンツ、鬱や自殺の兆候、監視すべきキーワードを発見すると、親や教師にアラート（警告メール）

を発信するとともに、取るべき対策についても通知する。例えば、子ども
が自傷行為を行う方法をネットで検索した場合、親にアラートを発信する
と同時にメンタルヘルス関連の文献のリンクを送り、子どもに対してどう
接するべきかを知らせる。

　同社には２つのサービスがあり、１つは１家族あたり月額９ドル、１年
あたり99ドルで提供される。また、学校が発行するデバイスまたはアカウ
ントを無料で保護する学校向けの製品も提供している。現在、米国の1,100
以上の学校で使用され、350万人の子どもに利用されている。同社によれ
ば、2018年１年間で、８歳から17歳の260万人を超える子どもの９億を超
えるメッセージを分析したとされる（この数字には、学校ベースのアカウ
ントは含まれていない）。

　アプリで処理されたメッセージの分析によると、10代の66％、「トゥイー
ン（tween）[27]」と呼ばれる８歳～12歳の子どもの57％がいじめの側、被
害者、または証人としてネットいじめを経験し、10代の54％、トゥイーン
の40％がうつや不安に関する会話を行い、10代の40％、トゥイーンの28％
が暴力的な話題に遭遇している、という。

　さらに、2015年秋のサービス開始以降、学校で銃撃事件が起きる兆候を
16件発見。警察当局はそれを信頼できると判断した。

　Barkは子どもたちのプライバシーを尊重しつつモニタリングを行える点
が、他のツールとの違いだという。Barkを利用するためには親が子どもの
SNS等のパスワードを知る必要がある。親にパスワードを教えることに抵
抗する子どもも少なくはない。米紙ウォールスリートジャーナル（日本語
版）の記事では、「『信頼』という言葉を使って監視の理由を説明するので
はなく、『自立』という言葉を使うべき」としている。つまり、「子どもが
デジタル生活でもっと自立出来るまで見守りたい」と説明するということ
である[28]。

「Barkは親や教師らに、子どものSNSのアカウントにフルアクセスする権限を与えるアプリではない。問題のある書き込みやメッセージのやり取りを発見した場合にのみ、アラートを発信する。親たちに適切なデジタルの知識を与え、子どもたちを責任あるデジタルネイティブに育てることを支援するのが、我々の使命だ」と同社の幹部はインタビューで語っている。

○ Bark が提供するサービス（参考）

ソーシャルメディア監視（Social Media Monitoring）

Snapchat、Instagram、YouTube、Facebook、Twitter、Pinterest、GroupMe などで会話とコンテンツを追跡する。

テキスト監視（Text Monitoring）

iOS および Android と連携して、相互作用に関するテキスト、写真、およびビデオを検索する。

メール監視（Email Monitoring）

有害なコンテンツについて、Gmail、Outlook、Hotmail、Yahoo、Comcast、および AOL からのメールを監視する。

24 時間 365 日の検出（24/7 Detection）

Bark は、オンラインの捕食者、アダルトコンテンツ、セクスティング、ネットいじめ、薬物使用、自殺願望（suicidal thoughts）などを示す可能性のある活動を探す。

ペアレンタルアラート（Parental Alerts）

潜在的な問題を Bark が検出すると、自動的にアラートを受け取り、それらに対処するための児童心理学者からの専門家の推奨事項を受け取る。

時間の節約、信頼の構築（Save Time, Build Trust）

Bark を使用することで、子どもの活動を手動で監視する手間を省き、潜在的な問題を発見し、時間と子どものプライバシーを大切にする。

6-4 衛星コンステレーション
——世界中どこからでも高速インターネットに接続

○世界の36億人はインターネットにアクセス出来ない

今や、電話や E メール等のコミュニケーション、動画の送受信、情報の検索・共有にいたるまで電気通信の主役はインターネットになった。国連の機関である ITU（国際電気通信連合）の推定によると、世界のインターネット利用人口は 2019 年時点で 41 億人、世界人口の 53.6％に達する[29]。一方、いまだ 36 億人はインターネットにアクセス出来ない「オフライン」の状況にある。これらの人々の大多数は開発途上国に住んでおり、平均 10 人に 2 人しかインターネットへのアクセスを持っていない。

○衛星コンステレーションに取り組むワンウェブ社

米国で 2012 年創業のワンウェブ（OneWeb）社は、全世界にブロードバンド（高速大容量のデータ通信）を提供できる「衛星コンステレーション（Satellite constellation）」の構築を目指している。

衛星コンステレーションとは、中・低軌道[30]に打ち上げた多数の小型衛星（非静止衛星）を連携させ一体的に運用するものである。

従来の衛星を利用した通信は高度 3 万 6,000km にある静止衛星を利用していた。地上からみて常に同じ方向に位置を取るためには、地球の自転と同じ周期で軌道を周回しなければならない。その速度による遠心力と地球の引力がちょうど釣り合う高度が 3 万 6,000km となる。ただし、その距離

ではその分データが届くまでに時間を要するため遅延が発生する。低軌道衛星を用いた通信は静止衛星を用いた従来の衛星通信と比べ、衛星との距離が短い分ネットワークの遅延が小さい。図6－5のように高度が1,200kmであれば、静止衛星の利用に比べ距離が30分の1になる。一方、周回速度は地球の自転よりも早くなるため、通信を維持するためには、多数の衛星を配置し地上局との通信を次々に引き継いでいく仕組みが必要となる。

　ワンウェブの創業者であるグレッグ・ワイラー（Greg Wyler）氏は、2002年アフリカのルワンダでインターネット接続会社を設立したが、開発途上国での通信ケーブル等の接続インフラ構築の困難さを経験し通信衛星経由でのネット接続を提供するという構想を持った、とされる。その後2007年に設立したO3bという社名の由来は、インターネット接続出来ていない30

図6－5．衛星コンステレーション（イメージ）

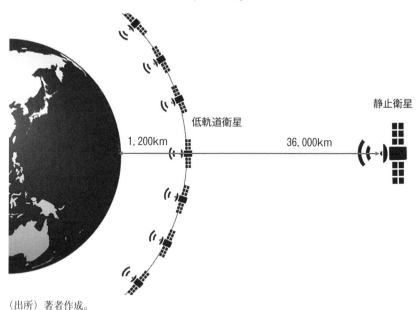

（出所）著者作成。

億人（Other 3 billion）からきている。O3b は現在、世界有数の情報通信衛星運用業者である SES（本社ルクセンブルク）の子会社となっている。

ワンウェブだけでなく SpaceX や Amazon も衛星コンステレーション計画を発表している（表6−2）。小型で安価な受信機を設置するだけで、大型のインフラ工事を要することなく、高速インターネットを全世界に提供できれば、衛星通信が地上通信に取って代わる標準インフラとなりうる。これにより、e コマース（Amazon 等）や SNS（Facebook 等）のユーザーも爆発的に増える。また、コネクテッド・モビリティ（Tesla 等）や IoT 環境が世界中の至る所で地域格差なく利用可能となる。さらに、スマートフォン（Apple 等）が既存のキャリア（通信事業者）を通さずインターネットに接続することが可能となるかもしれない。

新たな通信インフラとなった衛星コンステレーションは地域間格差を埋めるというだけでなく、市場構造を変革し、かつ安定的な収入源となる可能性をもっている。

ワンウェブは 2020 年 3 月 21 日に 34 基の衛星打ち上げに成功、合計で 74 基となった。同社では、2020 年北極での初の商用サービスを皮切りに、2021 年全世界の顧客へのサービス提供を予定していた[31]。しかしながら、2020 年 3 月 27 日、連邦破産法 11 条（Chapter 11）の適用申請を発表した[32]。同社は、新たな資金調達について交渉を進めていたが、新型コロナウイル

表6−2．衛星コンステレーション計画（一部）

企業 ／プロジェクト	OneWeb	SpaceX ／Starlink	Amazon ／Kuiper
発表	2015 年 1 月	2015 年 1 月	2019 年 4 月
衛星数（計画）	600 機	42,000 機	3,000 機以上
衛星 1 基の重量	145kg	500 ポンド （約 227kg）	―

（出所）各種資料より作成。

ス（COVID-19）の感染拡大に伴う市場の混乱等により、資金調達の交渉を進めることが出来ず、今回の申請となったとされる。同社の事業継続等については本書誌執筆時点では不明であるが、非常時におけるインフラとしての高速インターネット網の重要性が改めて認識されたことで、衛星コンステレーション事業に対する期待には変化がない、もしくはむしろ高まった可能性がある。

○価格破壊により衛星コンステレーションが実現可能に

　衛星コンステレーションが実現可能となった最大の理由は、価格破壊ともいえる大幅な低コスト化にある。人工衛星のコストは、（1）製造、（2）打ち上げ（軌道投入）、（3）運用の各コストからなる。

　衛星を小さく軽く寿命を短くすれば、衛星コストと打上げコストの両方を下げることが出来る。寿命（稼働年数）が短くてよければ、宇宙専用の部品以外の汎用品も活用することで、従来の大型衛星とは桁違いに低コストでの製造が可能となる。加えて、進化の速い地上技術をタイムリーに反映出来る。

　衛星コンステレーションのように衛星が多数あれば、1機や2機が故障しても機能の全損にはならない。予備の衛星を打ち上げ短期間に補填することが出来る。「安くて最新でサービスが中断しない」というビジネスとして重要とされる利用者目線に沿ったサービスの構築にも対応可能となる。

　一度に打ち上げられる衛星の数の多さも小型衛星の利点である[33]。SpaceX は一回の打ち上げで60機の Starlink 衛星を打ち上げている。2010年1月時点ですでに4回の打ち上げを行い約240機の衛星を運用している。3回目の打ち上げを終えた時点で世界最大の民間衛星オペレーターとなった。

　さらに、SpaceX や Blue Origin はロケットの再利用による打ち上げコス

トの更なる低コスト化を目指している。また、3Dプリンターを利用したロケット製造（全体／部品）による低コスト化に取り組むスタートアップ企業も出てきている。

○気球を利用した計画も

Loon社（本社米国）は衛星ではなく、気球を用いた成層圏インターネット事業を手掛けている。成層圏（地表から約10〜50km）に多数の気球を浮かべ、気球間でネットワークを構築する。このアイデアは2013年グーグルのプロジェクト「Project Loon」としてスタートし、2018年企業として独立した。同社によれば、「気球のナビゲーションにAI、機械学習を利用することで必要な気球の数が大幅に減り、手間とコストの軽減につながったことで実用化が見えてきた」とされる。

注

(1) ジャック・ペレッティ「世界を変えた14の密約」（関美和訳）文芸春秋、2018年。

(2) 「2040年を見据えた社会保障の将来見通し（議論の素材）」内閣官房・内閣府・財務省・厚生労働省、2018年5月21日。

(3) 住友生命保険相互会社「未来を変えていく、健康増進型保険 新商品"住友生命「Vitality」"の発売等について」2018年7月17日。

(4) Michael E. Porter, Mark R. Kramer, Aldo Sesia, "Discovery Limited", February 2018.

(5) WHO, "Innovative Care for Chronic Condition: Building Blocks for Action", 2002.

(6) 必ずしも金銭的なインセンティブに頼らず、意思決定のクセを利用した働きかけを行動経済学では「ナッジ（Nudge）」という。

(7) 「AI・5G、医療に革新、ダボス会議、IT企業トップら議論、電子商取引、主役は若者」『日本経済新聞』（夕刊）2018年1月25日。

(8) 住友生命保険相互会社、前掲 (3)。

(9) "The association between medical costs and participation in the vitality health promotion program among 948, 974 members of a South African health insurance company.", *American Journal of Health Promotion*, January 1, 2010.

(10) 「Global Findex database」は、世界140カ国以上を対象に貯蓄、借金、支払い、リスク管理に関する調査を実施している。ビル & メリンダ・ゲイツ財団 (Bill & Melinda Gates Foundation) からの資金提供を受けて発足したこのデータベースは、2011年以降3年ごとに発行されている。

(11) マイクロファイナンス (小規模金融) とは、貧困層や低所得層を対象とした、小口の融資や貯蓄などの金融サービスの総称。一般的にマイクロファイナンスの実施団体は、NGO (非政府組織)、政府機関が多いが、近年では民間金融機関も参入している。

(12) 創業時の社名は「InVenture」であった。

(13) "The Founder Of Tala On Her Leap From Finance To Fundraising For Her Mission-Driven Startup", Forbes, July 18, 2018.

(14) 「M」はモバイル (Mobile)「Pesa」はスワヒリ語で「お金」の意味。

(15) 英国のボーダフォングループ (Vodafone Group) が実質4割の株式を保有している。

(16) GSMA, "The Kenyan Journey to Digital Inclusion", September 29, 2014.

(17) TED は、価値のあるアイデアを世に広めることを目的とする米国の非営利団体。1984年の設立当初は、"Technology" "Entertainment" "Design" の3分野からスピーカーを集めて会議を行っていた。その後、あらゆる分野における最先端の人々が集まる場へと発展。TED トークと呼ばれるプレゼンテーションの動画をインターネット上で無料配信している。

(18) [TED] シヴァーニ・シロヤ：信用履歴が (まだ) ない人のためのスマートローン。https://www.ted.com/talks/shivani_siroya_a_smart_loan_for_people_with_no_credit_history_yet?language=ja

(19) "Give People Some (Micro) Credit—and Transform Their Lives", *WIRED*, September 18, 2018.

(20) "How Tala Mobile Is Using Phone Data To Revolutionize Microfinance",

Forbes, August 29, 2016.

(21) Tala, "Impact Report 2018".

(22) "PayPal backs emerging markets lender Tala", *Reuters*, October 22, 2018.

(23) "How artificial intelligence could replace credit scores and reshape how we get loans", *MarketWatch*, October 29, 2018.

(24) "How Tala Mobile Is Using Phone Data To Revolutionize Microfinance", *Forbes*, August 29, 2016.

(25) "Cyberbullying Victimization", Cyberbullying Research Center.

(26) "School Shootings in 2018: How Many and Where", Education Week, February 5, 2019.

(27) 8歳くらいの子どもとティーンエイジャー（13〜19歳）との間（between）。

(28) 「わが子のネット利用、心配な親への手引き　子どものネット上の行動を監視する時に「すべきこと」と「してはいけないこと」」The Wall Street Journal、2019年6月14日。

(29) ITU, "ITU releases 2019 global and regional ICT estimates", November 5, 2019.

(30) 地球周回軌道の高度による区分：低軌道（Low Earth Orbit、LEO）高度2,000km以下、中軌道（Medium Earth Orbit：MEO）高度2,000kmから地球同期軌道（約3万6,000km）まで、高軌道（High Earth Orbit：HEO）地球同期軌道（約3万6,000km）より外。

(31) OneWeb, "OneWeb successfully launches 34 more satellites into orbit", February 7, 2020.

(32) OneWeb, "OneWeb Files for Chapter 11 Restructuring to Execute Sale Process", March 27, 2020.

(33) 2017年2月、インドは一回の打ち上げで世界最多となる104機の衛星の打ち上げに成功している（10kg以下の小型衛星が100機以上）。

第7章
インセンティブがエネルギー消費・温暖化ガス排出を抑制

7-1 電力のネガワット取引
――節電すると報酬がもらえる仕組み

○エネルギー問題

　世界の人口は現在の72億人から今世紀後半に100億人の大台に達するとの予想が国連から出されている。この人口増に伴うエネルギー需要の増大が大きな課題である。人類が利用するエネルギーは増加の一途を辿っている。開発途上国では、先進国並みの生活レベルへの向上を目指してエネルギー消費量が増えることは必至であろう。一方先進国においては、節電や省エネ、エネルギー効率の向上等の努力によりエネルギー需要の伸びを抑えることが期待されている。本章では、企業や家庭が節電をすることで報酬をもらえる仕組みにより、結果としてエネルギー消費だけでなく、温暖化ガスの排出や発電所建設等による環境負荷を減少させる事例を紹介する。

○ VPP（バーチャル・パワー・プラント）とネガワット取引

　電気には（電気エネルギーのまま）貯めることは出来ない。そのため常に需要と供給のバランスを保つ必要がある。このバランスが崩れると周波数が変動し、電気の品質低下や停電につながる恐れがある。2018年9月に北海道で発生した震度7の地震[(1)]直後の広域停電は、震源近くにある発電所の緊急停止により北海道全域の電力需給バランスが崩れたことが原因で

あった。電力の需給バランスを保つためには、需給にあわせて電力の供給や刻々と変わる需要の変化に対応することが必要となる。従来は大型の発電所（パワープラント）がこの役割を担ってきた。

　一方、近年太陽光発電、蓄電池、電気自動車、分散型エネルギーリソースの普及が急速に拡大している。このようなリソースを統合制御して、あたかも1つの発電所のように機能させる仕組みを「バーチャルパワープラント」（Virtual Power Plant、以下VPP）という。また、電気の需給バランスをとるために、需要家側の電力を制御することを「ディマンドリスポンス」（Demand Response:、以下DR）という。そしてVPPやDRにより需要の抑制・創出をし、エネルギーサービスを提供する事業者は「アグリゲーター（aggregator）」と呼ばれている。

　VPPに期待される効果の1つは発電コストの削減である。電力需要のピーク時間帯は年間でみるとわずかな時間に過ぎない。VPPによってこのピーク時間帯の一部の電力需要を別の時間帯に移すことで電力需要の負荷平準化を図ることが可能となる。負荷平準化によってコストの高い発電設

図7−1．バーチャルパワープラント（VPP）

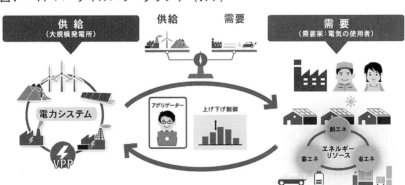

（出所）経済産業省資源エネルギー庁、説明動画「バーチャルパワープラント」。

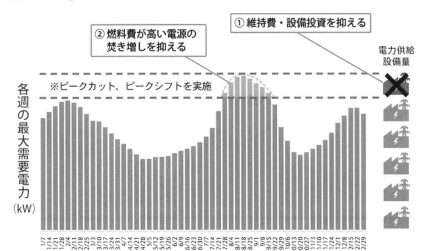

図7−2. 電力のピークカット、ピークシフト

② 燃料費が高い電源の
焚き増しを抑える

① 維持費・設備投資を抑える

電力供給
設備量

各週の最大需要電力（kW）

※ピークカット、ピークシフトを実施

1/7 1/14 1/21 1/28 2/4 2/11 2/18 2/25 3/3 3/10 3/17 3/24 3/31 4/7 4/14 4/21 4/28 5/5 5/12 5/19 5/26 6/2 6/9 6/16 6/23 6/30 7/7 7/14 7/21 7/28 8/4 8/11 8/18 8/25 9/1 9/8 9/15 9/22 9/29 10/6 10/13 10/20 10/27 11/3 11/10 11/17 11/24 12/1 12/8 12/15 12/22 12/29

（出所）経済産業省資源エネルギー庁、前掲説明動画。

備への投資や焚き増しが抑制され、経済的な電力システムの構築をはかる
ことが出来る。

　VPP を活用したビジネスとして「ネガワット取引」がある。「ネガワット（negawatt）とは、「負」を意味する「ネガティブ（negative）」と、電気の単位である「ワット（watt）」を組み合わせた造語であり、需要家の節電により余剰となった電力を、発電した電力と同じものとみなす考え方である。米国のロッキー・マウンテン研究所（Rocky Mountain Institute）のエモリー・ロビンス（Amory Lovins）博士が 1990 年の論文「ネガワット革命（The Negawatt Revolution）」で発表した。

　ネガワット取引とは、契約によってアグリゲーターからの依頼で電力需要を抑制するものある。電力の需要家は通常の節電効果だけでなく、報酬を受け取ることが出来るというメリットがある。代表的な需要抑制の例は機器の調整・停止である。照明の明るさやエアコンの温度調整で電力需要

図7−3.需要家も参加できる「ネガワット取引」

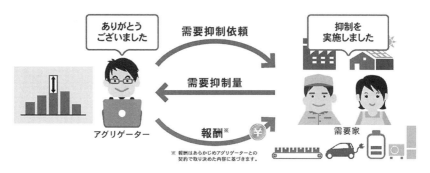

（出所）経済産業省資源エネルギー庁、前掲説明動画。

を抑制する。また、工場の生産設備で需要を抑制する方法もある。例えば、需要抑制の指示のあった時間帯の工場の稼働を減らすために生産する時間帯をシフトし、電力需要を抑制する。

　日本においても、2018 年 7 月、首都圏の気温が上昇し電力需要が高まったことを受け、東京電力が国内初の平時のネガワット取引を企業に要請した[2]。

○スマートメーター

　ネガワット取引を実現可能としたテクノロジーは「スマートメーター」の開発であった。スマートメーターとは、電気の使用量を計測する機器に通信機能を付加し、遠隔地からの検針や制御を可能にしたデバイスである[3]。電力会社がスタートメーターの導入を進める理由の 1 つは、メーターの設置場所に見に行かなくても検針出来ることである。電力会社の検針スタッフが一軒一軒をまわり、目視でメーターの数値を調べる手間が省ける。これにより電力会社のコストが削減され、電気料金の低下につながる可能性もある。

従来の電力メーターで電力の消費量を細かく測定することは難しかった。これに対してスマートメーターではリアルタイムにデータを取得することが可能となった。

○エナノック社

「エナノック（EnerNOC）社」[(4)]（本社米国）は、世界最大手のアグリゲーター企業である。同社は5大陸30カ国以上、8,000以上の顧客を持ち、需要応答能力は6GW（原子力発電所約6基分）とされる。同社の顧客は、主に工場や商業施設などで、1事業所当たりの電力消費が年間10万米ドルを超える需要家をターゲットとしている。

日本でも、2013年12月、総合商社の丸紅との合弁会社「エナノック・ジャパン」を設立し、DR事業を展開している。

○オームコネクト社

EnerNOC社が規模の大きな工場や商業施設を顧客としているのに対し、個人の家庭を対象としているアグリゲーター企業もある。「オームコネクト（OhmConnect）社」（本社米国）は2013年創業のソフトウェア企業であり、カリフォルニア州の約3,500世帯にスマートフォンなどのインターネット経由でユーザーに直接参加を呼びかけるDRのサービスを展開している。電力会社からのDRインセンティブのうち、20％を手数料としてオームコネクト社がもらい、残り80％をスマートメーターの履歴に基づきユーザーごとの消費電力を計算し、還元するという仕組みである。

ただ、依頼を受けてもユーザーが室温の調整や家電の利用抑制に対応出来ないことも少なくない。したがって、このような「間接制御型DR」に対して、インターネット経由で直接コントロール出来る「直接制御型DR」の方が節電効果は大きい。オームコネクト社では後述するNest社等が提

供するサーモスタットと連携して家電等を自動制御している。

○ネスト社（現グーグル）

　日本の冷暖房機器は部屋ごとに分かれていることが多いが、欧米では家全体での温度管理が主流で、そのハブとなるのが「サーモスタット（thermostat）」である。米国では、暖房器具では約85％、冷房器具では約68％の家庭で（セントラル）サーモスタットが使われているとの調査結果がある[5]。

　2010年に元アップル社のエンジニア2名によって創業された「ネスト（Nest）社」[6]（2014年グーグルが買収）のサーモスタットは空調機器の一括管理に留まらない機能が搭載されている。温度、湿度、光感知の他にモーションセンサー等様々なセンサーに加え、AIも備えており居住者の操作情報を学習する。居住者にとっての適温や外出時間や帰宅時間を学習し、自動で設定を変更することが可能となる。もちろんスマートフォンやタブレットから操作することも出来る。また、長期間不在なのに機器がオンになっている時は自動的にオフにしてくれる。さらに、冷暖房機器だけでなく、洗濯機や照明等とも連動させることが出来る。

　このサーモスタットはインターネットに接続されることで、節電要請に自動で対応することも可能となる。節電要請に応えて、室内温度を調整したり、洗濯機や乾燥機の稼働を後にずらすということで、利用者（居住者）は自ら何もしなくても節電による報酬を受け取ることが出来る。

○再生エネルギーを無駄なく利用するために

　VPPには、再生可能エネルギーを無駄なく活用するという効果も期待されている。太陽光や風力による発電は天候等に左右されるため、他の電源の出力を調整して需給バランスを一致させる必要がある。このとき、状況

によっては再生可能エネルギーによる発電を抑制する必要も出てくる。実際、2018 年 10 月、九州電力が電力の需給調整のために太陽光や風力による発電をする事業者に、月内にも一時的な稼働停止を求めることで最終調整に入った」との報道があった[7]。

　VPP により電気を使用する時間帯を変更し、この時間帯における電力需要を増やすことが出来れば、再生可能エネルギーを無駄なく活用しつつ、電力の需給バランスを保つことが出来る。蓄電池や電気自動車（のバッテリー）を活用した需要抑制もある。需要抑制の依頼のあった時間帯に蓄電池等に貯めておいた電気を利用することで、需要の抑制だけでなく、電力

図７－４．需要抑制の事例

需要抑制の事例（蓄電池等の宅内放電）

需要創出の事例（蓄電池等の充電）

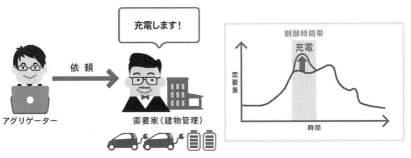

（出所）経済産業省資源エネルギー庁、前掲説明動画。

の創出も期待される。例えば、再生エネルギーが需要よりも多く発電してしまったとき、そのタイミングにあわせて蓄電池を充電することが出来れば、再生エネルギーを無駄なく使うことが可能となる。

　現在、電気自動車を利用したパイロットプロジェクトも行われている。電気自動車の台数が多くなれば、大きな役割を果たすようになると期待されている。

7-2 　走った分だけ保険料を払う自動車保険
──温室効果ガスの排出を抑制

○メトロマイル社　─走行距離に応じた自動車保険

　デビッド・フライドバーグ（David Friedberg）[8]氏により 2011 年に設立された米国「メトロマイル（Metromile Inc.）社」は、走行距離に応じた自動車保険というビジネスモデルを掲げ、自動車保険業界に参入した。「カリフォルニア大学バークレー校で天体物理学を学んだフライドバーグ氏は、地球温暖化対策の 1 つとして従量制自動車保険を思いついた。走行距離が短いと保険料を節約できるのであれば、多くのドライバーが運転頻度を減らすと考えた」[9]ことが創業の理由であった。

　これは、走行距離が減少すれば自動車保険の保険料が安くなる　→　ドライバーは出来るだけ自動車の運転を控えようとする　→　温室効果ガスの排出が抑制される、という理屈である。

○自動車は温室効果ガスの大きな排出源の 1 つ

　まず、温室効果ガスの排出源として自動車の占める比率をみてみよう。米国環境保護庁（Environmental Protection Agency, EPA）のデータによると、米国のおける温室効果ガスの最大の排出源は「輸送部門」と「電力

部門」である（図7－5）。

　輸送関連の温室効果ガス排出量のうち乗用車等からの排出量が半分以上を占めている。残りは、貨物トラック、航空機、船舶、ボート、列車などの他の輸送手段からのものである。

　なお、日本の二酸化炭素排出量（2018年度）のうち、運輸部門からの排出量が18.5％を占めており、自動車全体の排出量は運輸部門の86.2％（日本全体の15.9％）を占めている（図7－6）。

図7－5．米国　温室効果ガス排出部門別比率（2018年）

Total U.S. Greenhouse Gas Emissions
by Economic Sector in 2018

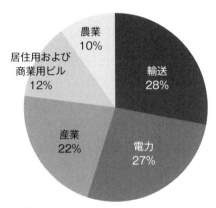

（出所）米国EPA。

図7−6. 日本 二酸化炭素排出量の部門別比率（2018年）

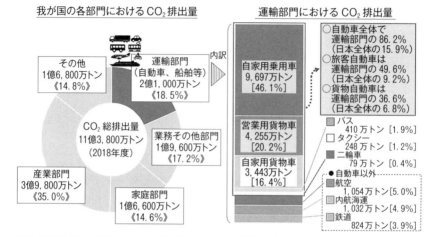

我が国の各部門におけるCO_2排出量

運輸部門におけるCO_2排出量

その他
1億6,800万トン
《14.8%》

運輸部門
（自動車、船舶等）
2億1,000万トン
《18.5%》

内訳

CO_2総排出量
11億3,800万トン
（2018年度）

業務その他部門
1億9,600万トン
《17.2%》

産業部門
3億9,800万トン
《35.0%》

家庭部門
1億6,600万トン
《14.6%》

自家用乗用車
9,697万トン
[46.1%]

営業用貨物車
4,255万トン
[20.2%]

自家用貨物車
3,443万トン
[16.4%]

○自動車全体で
運輸部門の86.2%
（日本全体の15.9%）
○旅客自動車は
運輸部門の49.6%
（日本全体の9.2%）
○貨物自動車は
運輸部門の36.6%
（日本全体の6.8%）

■ バス
410万トン [1.9%]
□ タクシー
248万トン [1.2%]
■ 二輪車
79万トン [0.4%]
● 自動車以外
■ 航空
1,054万トン[5.0%]
□ 内航海運
1,032万トン[4.9%]
■ 鉄道
824万トン[3.9%]

（注）端数処理の関係上、合計の数値が一致しない場合がある。
　　　電気事業者の発電の伴う排出量、熱供給事業者の熱発生に伴う排出量は、それぞれの
　　　消費量に応じて最終需要部門に配分。
　　　温室効果ガスインベントリオフィス「日本の温室効果ガス排出量データ（1990〜2018
　　　年度）確報値」より国土交通省環境政策課作成。
　　　二輪車は2015年度確報値までは「業務その他部門」に含まれていたが、2016年度確
　　　報値から独立項目として「運輸部門」に算定。
（出所）国土交通省「運輸部門における二酸化炭素排出量」2018年。

○走行距離に連動した保険はドライバーに運転を控えさせる効果がある

　次に、走行距離に連動した保険はドライバーに運転を控えさせるのであ
ろうか。これについては米国ブルッキングス研究所（The Brookings
Institution）が2008年にレポート[10]を出している。同レポートによれば、
「（米国の）全てのドライバーが走行距離に連動した保険に変更すると、年
間の運転と燃料消費を8%減少させ、その結果、二酸化炭素排出量を2%、
石油消費量を4%削減する」と試算されている。

　また、温室効果ガスの排出削減に加え、交通事故に関連する費用（個人
および政府）の削減、交通渋滞の緩和、その地域の自動車公害（大気汚染、

騒音等）対策等、社会への大きなメリットがあると、レポートは指摘している。

○事故の発生率は走行距離に比例する

　走行距離が短いと保険料が安くなるのは、走行距離と事故の発生率が比例するからである。上記、ブルッキングス研究所のレポートに図7－7のデータが掲載されている。「2万マイル走行する車両は、5,000マイル未満で走行する車両の約2倍の事故が発生」する。

　個々のドライバーの走行距離を即時かつ正確に知ることが出来れば、個々のドライバーのリスク（事故発生率）を予測することが可能となり、そのリスクに応じた保険料が算定されることになる。その結果、それまで各種条件が同じであれば同じ保険料であったものが、走行距離が相対的に短い

図7－7．走行距離と事故発生率

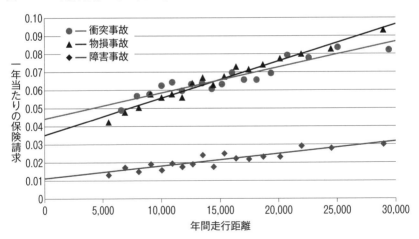

（出所）Jason E. Bordoff and Pascal J. Noel, "Pay-As-You-Drive Auto Insurance: A Simple Way to Reduce Driving-Related Harms and Increase Equity" The Brookings Institution, July 25, 2008.

（低リスク）のドライバーは保険料が安くなり、逆に走行距離が相対的に長い（高リスク）のドライバーは保険料が高くなる。

　簡単な例でみてみよう（図7−8）。100人ずつの2つのグループがある。グループAは年間で修理代100万円の事故が1回発生する。グループBでは、同様な事故が2回発生する。合計すると100万円の事故が3回発生するため、総額300万円が必要となる。これを200人で割ると一人当たり1.5万円となる。ここで、事故の負担費用をグループAとグループBに分ける。そうすると、事故の発生確率の低いグループAは一人当たりの負担が1万円に下がり、逆にグループBは2万円に上昇する。事故発生の確率がそのまま一人当たりの負担の比率になる。

図7−8．事故発生確率と保険料の例

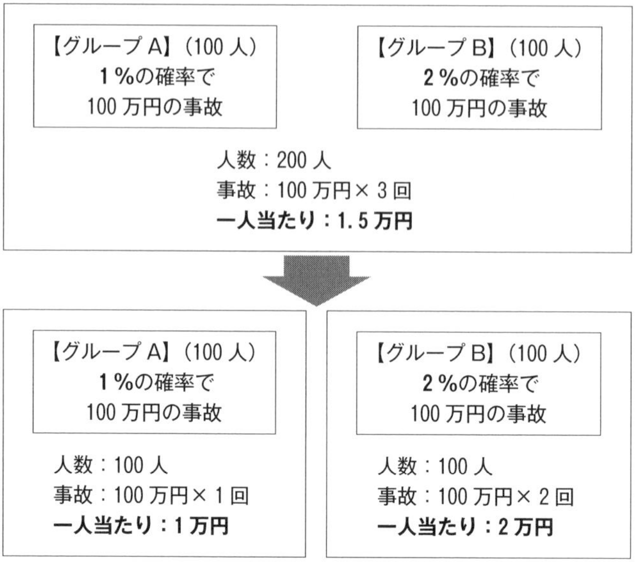

【グループA】（100人）
1%の確率で
100万円の事故

【グループB】（100人）
2%の確率で
100万円の事故

人数：200人
事故：100万円×3回
一人当たり：1.5万円

【グループA】（100人）
1%の確率で
100万円の事故

【グループB】（100人）
2%の確率で
100万円の事故

人数：100人
事故：100万円×1回
一人当たり：1万円

人数：100人
事故：100万円×2回
一人当たり：2万円

（出所）著者作成。

○ノーベル経済学賞受賞者が指摘した自動車保険の不公平

「情報の非対称性下におけるインセンティブに関する研究」によりジェームズ・マーリーズ（James Mirrlees）氏とともに1996年のノーベル経済学賞を受賞したウィリアム・ヴィックリー（William Vickrey）氏は、1968年の論文[11]において、「自動車保険の保険料は自動車を所有する固定費となっており、自動車の所有者の走行距離には関係なく決まっている」ことを指摘し、走行距離に連動した保険料を提案している。一方で走行距離を正確かつ簡易に計測する方法については容易ではない点についても言及している。

○IoT（モノのインターネット）デバイスが走行記録を可能に

本章の最初に紹介したメトロマイル社は自動車の装備されているコネクターに接続するだけで走行距離を測定する、携帯回線とGPSを搭載した専用デバイス「Metromile Pulse」を開発した。同社はこれを使って従量制を実現した自動車保険を販売している。このデバイスは保険契約者に無料で提供され、自動的に車両の情報を取得し、同社のデータベースに送信する。

同社は、フォーブス（Forbes）誌の2018年のフィンテック（Fintech）50社[12]に選出され、「伝統的な保険業者にとって脅威」と紹介されている。また、東京海上ホールディングスは、2018年7月、子会社の東京海上日動火災を通じ、メトロマイル社に出資し、業務提携すると発表した。

○コネクテッドカーとテレマティクス保険

上記のメトロマイル社の保険のようにIoTを利用して運転情報を取得し、これをもとに保険料を決定する保険は「テレマティクス[13]保険」と呼ばれる。テレマティクス保険は主に走行距離に連動したPAYD（Pay As You Drive）とドライバーの運転特性に連動したPHYD（Pay How You Drive）

がある。これを可能にするのが、IoT のような新しい技術を利用しインターネットに接続可能となった「コネクテッドカー（Connected Car）」である。

　世界の自動車メーカーは車載通信機の標準搭載を推進しており、コネクテッドカーの普及とともに、テレマティクス保険の拡大が予想されている。世界のコネクテッドカーは 2035 年には 2016 年比で約 5.3 倍となり、コネクテッドカーの比率は 96.3%へ拡大、それにあわせて、テレマティスク保険（加入者ベース）は 2035 年には 2 億 3,200 万件と 2016 年比の 10.9 倍になるとの予測もある[14]。

　IoT は「双方向」であるため、監視で保険料が安くなるというだけでなく、事故を起こさない運転をするよう働きかけることが可能となる。IoT の活用により、保険会社が加入者に対して能動的なサービスを提供し、リスクをコントロール（回避・低減）することも、新たな保険ビジネスの 1 つとして注目されている。

　また、テレマティクス装置により収集した事故時の走行場所や運転操作状況に関する情報を分析することにより、保険金詐取目的の不正な請求を発見する効果もあわせて期待されている。これにより犯罪を未然に防ぐことにもなる。

○建設機械に GPS を付けたら盗難が減って保険料が安くなった

　建設機械大手のコマツ（小松製作所）は 2000 年頃に自社の油圧シャベルに GPS を搭載している。当時の話を元会長の坂根正弘氏はインタビューで以下のように語っている[15]。

————

　「KOMTRAX（コムトラックス）」が生まれるきっかけは 1998 年ごろ、盗んだ油圧ショベルで ATM を壊して現金を強奪する事件が日本で多発していて、その盗難対策として「GPS をつけたらどうか」というところ

からスタートしました。（中略）　GPS の位置情報のほかに、エンジンコントローラーやポンプコントローラーから情報を集めることで、その機械がいまどこにいて、稼働中か休止中か、燃料の残量はどのくらいかといった情報を取得し、通信機能を使ってコマツのセンターにデータを送る仕組みを開発しました。これが「KOMTRAX」というシステムです。

　「KOMTRAX」を実用化した当初はオプションで搭載していました。すると、「コマツの機械を盗んだらすぐ追跡される」と評判になりました。数年後にはお客さまの現場から 500 メートル以上車が移動したらお知らせメールが飛ぶ、サーバから命令を送るとキーを入れてもエンジンがかからなくなるといった仕組みができました。こうなると泥棒は油圧ショベルを盗んでトレーラーに乗せて ATM の前に行ってもトレーラーから下ろせなくなる。そのうち「コマツの機械は盗んでもだめだ」となって、盗難が劇的に減少しました。その結果、盗難保険も安くなってお客さまからは二重に喜ばれるようになりました。

————————

○事故を起こした自動車が自動で緊急通報

　総務省『平成 27 年度　通信白書』では、コネクテッドカーの実現するサービスとして「緊急情報システム」が紹介されている。

————————

　自動車事故によって失われる人命を減らすことを目的として、自動車事故発生時に自動で警察や消防などの緊急対応機関に緊急通報を行うシステムの導入が各国で進みつつある。欧州では、緊急通報システム（eCallシステム）の普及が進んでおり、2018 年 4 月からは eCall システムの新型車への搭載が義務化された。また、ロシアでも、eCall と類似した緊急通報システム（ERA-GLONASS）の導入が進められており、2017 年 1 月

図7-9.eCall のシステム概念

①緊急通報（Emergency Call）
エアバッグ等のセンサーが事故発生を検知した場合や車両の緊急通報ボタンが押下された場合、その直後に欧州圏内の緊急電話番号 "112" に発信する。

②位置特定（Positioning）
事故発生位置（GPS 座標）とともに、車両の進行方向や車種等の車両情報を最寄りの緊急通報センターに送信する。

③緊急通報センター (Emergency Call Centre)
オペレータが事故の場所等をモニターで確認した後、事故車両の乗員と会話により事故情報を取得する。なお、乗員から全く反応が無い場合は、即座に救急サービスを派遣する。

④迅速な救助（Quicker help）
自動通知により、救急車両は従前よりも迅速に事故現場に到着することができ、生命の安全確保につながる。

（出所）総務省『平成 27 年度　通信白書』。元の出典は総務省「社会課題解決のための新たな ICT サービス・技術への人々の意識に関する調査研究」（平成 27 年）。

からロシアで販売されるすべての新型車への搭載が義務化された。

─────

　自動車事故による死者の減少や回復への時間が短縮されれば、社会的損失の削減となる。

○サイバーセキュリティの課題
　一方、あらゆるモノがインターネットに接続可能となることで、サイバー犯罪のリスクを懸念する声も広がっている。米国では、車載インターネッ

ト接続システムの脆弱性が原因で車両を乗っ取られるおそれが強いとして、自動車メーカーによりリコールが実施された事例もある[16]。

　利便性の向上とともにこういったリスクの増大についても十分な対策が必要となってくる。

注

(1)「平成 30 年　北海道胆振（いぶり）東部地震」2018 年。

(2)「東電、平時に初の節電要請、工場停止なら料金割引、割高な火力、稼働減らす」 2018 年 7 月 14 日、『日本経済新聞』朝刊 7 面。ネガワットを求めた時間帯は午後 4〜7 時の 3 時間で、工場など 40 施設が対象となった。

(3) 電気のほかガスや水道用のスマートメーターがある。

(4) EnerNOC 社は 2017 年 8 月、イタリアの Enel Group に買収された。

(5) U.S. Energy Information Administration, Residential Energy Consumption Survey 2009.

(6) Nest 社は 2014 年 1 月買収によってグーグル傘下となっている。買収金額は約 32 億米ドルとされ、グーグルによる買収案件としては当時過去最高額といわれた。

(7)「太陽光　一時停止要請へ　九電、需給バランス調整」2018 年 10 月 7 日、『日本経済新聞』朝刊 1 面。

(8) フライドバーグ氏は、かつて農家向けの気候予測サービスを手掛ける「The Climate Corpration」を立ち上げ、2013 年に米国の化学メーカーであるモンサント（Monsanto）に 9.3 億米ドルで売却した。なお、モンサントは 2018 年ドイツの総合化学企業バイエル（Bayer）に買収されている。

(9) "Fitbit For Your Car: Insurer Metromile Tracks Your Mileage And Bills Accordingly", *Forbes*, September 23, 2018.

(10) Jason E. Bordoff and Pascal J. Noel, "Pay-As-You-Drive Auto Insurance: A Simple Way to Reduce Driving-Related Harms and Increase Equity" The Brookings Institution, July 25, 2008.

(11) William Vickrey, "Automobile Accidents, Tort Law, Externalities, and Insurance: An Economist's Critique", Law and Contemporary Problems Vol.33,

1968, pp.464-87.

(12) "The Forbes Fintech 50 For 2016", Forbes, September 23, 2018.

(13) テレマティクス（telematics）は、telecommunication（通信）と information
（情報工学）を組み合わせた造語。自動車などの移動体に通信システムを組み合
わせ、リアルタイムに情報サービスを提供すること。

(14) 富士経済 「自動車運転技術と融合が進みつつあるコネクテッドカーの世界市
場を調査」、2018 年 2 月 27 日。

(15) 建設機械に革命をもたらした「KOMTRAX（コムトラックス）」誕生の足跡
コマツ（株式会社小松製作所）| 未来を変えるプロジェクト by DODA、2013 年
3 月 11 日。

(16) "Researcher says can hack GM's OnStar app, open vehicle, start engine",
Reuters, July 31, 2015.

第8章
食糧問題を解決する
最先端テクノロジー

8-1　屋内農業（植物工場）
——狭い土地に人口光・少ない水・無農薬で栽培

○世界の人口増加がもたらす食糧問題

　今日、世界が抱えている最大の問題の１つは世界的な人口増加と新興国の経済発展による食生活の変化にともなう「食糧問題」である。

　2017年６月に国連が発表した「世界人口予測」によると、世界の人口は2017年の76億人から2030年までに86億人、2050年に98億人、そして2100年には112億人に達すると予測されている[1]（図8-1）。2017年から2050年までの世界人口増加の半分は、インド・ナイジェリア・コンゴ民主共和国・パキスタン・エチオピア・タンザニア・米国・ウガンダ・インドネシアの９カ国の人口増によるものとされる。

　この国連の人口予測をもとにFAO（Food and Agriculture Organization of the United Nations、国連食糧農業機関）では「需要を満たすためには2050年には2012年水準よりもほぼ50％多くの食糧・飼料・バイオ燃料を生産する必要がある」との推計を発表している[2]。人口増加が見込まれる「サブサハラ・アフリカおよび南アジアでは、農業生産は需要の増加に対応するために2050年までに２倍以上になる必要がある」とされる（図8-1）。一方で気候変動等の影響により農産物の収量の増加ベースは鈍化しており、農業の生産性向上のための研究開発、それをサポートする民間投資

図8－1．世界人口の推移

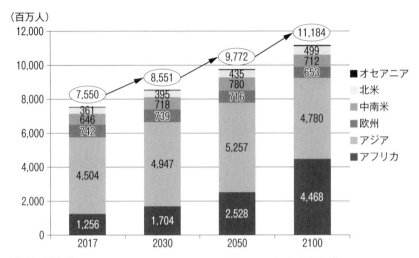

（出所）国連「World Population Prospects The 2017 Revision」より作成。

図8－2．世界の農産物需要の増加予測（2013年～2015年）

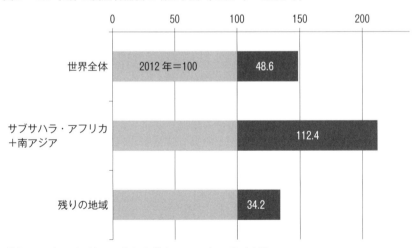

（注）2012年の需要を100とした場合の2050年の需要予測。
（出所）FAO「The future of food and agriculture」より作成。

の大幅な増加に期待が寄せられている。

　さらに、都市部への人口集中も食糧問題に影響を与える。国連の「世界都市人口予測」によると、2018年時点で、55%の世界人口が都市部に暮らしている。1950年には、30%に過ぎなかった都市部人口は、2050年には68%に達すると予測されている[3]。都市化の進展は食糧需要量の増加とともに農業従事者の減少を意味する。そのため、農地確保が難しい都市部で食糧生産を効率的に行う必要がある。

○食糧問題で期待される屋内農法

　世界的な食糧問題の解決策の1つとして期待されているのが「屋内農場（indoor farm）」である。日本では「植物工場」と呼ばれることが多いが、光源に太陽光ではなくLED、土の代わりに培養液を採用し、温度や湿度、CO_2濃度など全てが管理された環境の中で農作物を育てる仕組みである。

　従来の栽培方法では、水が土壌から漏れ出したり、空気中に蒸発したりしてその多くが無駄になる。密閉された環境では与えられた水は全て植物（作物）が吸収する。その結果、従来の野菜栽培に比べ水の使用量は非常に少量で済む。

　平面ではなく、トレイを何段も縦に並べた構造のため、極めて小さな空間で作物の栽培が可能となる。都市部に屋内農場を設置することで、消費者に近い場所で栽培し、新鮮な食材を素早く届けられる。農作物の輸送に使われる化石燃料や冷蔵・冷凍にかかるエネルギーは膨大なものになる。さらにそのために引き起こされる道路の摩耗などを考えれば、相当なコストがかかっていることになる。

　屋内農場では植物の成長に大きく影響するファクター（光、温度、CO_2濃度、養液等）の完全制御が可能となる。また、成長状態もリアルタイムに計測が出来るため、植物が最速で育つ環境パラメーターの組み合わせ（各

ファクターの最適な値）を見つけ出すことが出来る。最近では、この解を
みつける試行錯誤に AI（人工知能）が活用されている。AI は「常識」が
ないため、自然界に存在しない環境条件を導き出す可能性もあるという。

○プレンティ社（米国）

　屋内農場の分野では、米国のスタートアップである「プレンティ（Plenty
Inc.）社」が有名である。同社は 2017 年 7 月、2 億米ドルの資金調達を実
施した。この資金調達は、ソフトバンクビジョンファンドが主導し、アマ
ゾンの創業者ジェフ・ベゾス（Jeff Bezos）氏個人のファンド（Bezos
Expeditions）やグーグルの元 CEO エリック・シュミット（Eric Schmidt）
氏らが設立したファンド（Innovation Endeavors）も出資者に名前を連ね
ていたことから大きな注目を集めた。

　プレンティ社の「垂直農法（Vertical Farming)」は垂直の壁面（6 メー
トル）に野菜を植え、横から LED 照明を当てて栽培している。水と栄養
分はタワーの上から供給され、重力によって分散されることで、ポンプ等
の設備や電力を必要としない。そして、IoT・ビッグデータ・AI を活用し、
生産データを収集・解析することで生育予測の精度を高めるとともに、屋
内農場内の環境を最適化して生育を早め、生産性を向上させている[4]。農
薬も遺伝子組み換え作物も使わず、水の使用量は 99％削減できる。これら
が可能となったのは、光源として大量に必要となる LED 価格の大幅な低
下やかつてはコストや時間の面で現実的ではなかったセンサー技術や AI
による機械学習技術の実装によるところが大きい。

　食糧の安定供給先として都市の中にある屋内農場には期待が大きい。ま
た、大都市圏に工場を建設することで小売価格の 3 分の 1 以上を占めると
される物流費を節約することが出来る[5]。

　プレンティ社は全世界の 100 万人以上が住む大都市圏すべてに屋内農場

を建設することを目標としている。その数は実に 500 を超える⁽⁶⁾。

8-2 植物由来の代替肉
――我慢しなくても肉食を減らせる

○アマゾンの熱帯雨林の減少

　2019 年夏、南米ブラジルのアマゾン地域は記録的な火災に見舞われた。火災の件数が増加した原因の 1 つとして、農牧地拡大のための野焼きが挙げられている。アマゾンの森林伐採と焼畑の多くが、家畜のための穀物の農地や、放牧のために行われている。現在、ブラジルの牛の飼育数および牛肉の輸出量は世界一となっている。(図 8 - 3、表 8 - 1)

　観測衛星を使った「アマゾン森林伐採衛星監視プロジェクト」を実施するブラジル国立宇宙研究所の報告によれば、1970 年から 2018 年のブラジ

図 8 - 3. 牛の飼育数の推移

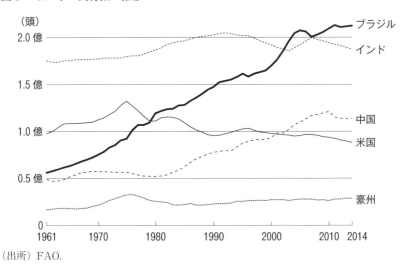

（出所）FAO.

表8－1.　世界の牛肉需給（2019年）

生産量（千トン）				国内消費量（千トン）		
1	米国	12,381	20%	1	米国	12,407	21%
2	ブラジル	10,200	17%	2	中国	8,826	15%
3	EU	7,900	13%	3	ブラジル	7,929	13%
4	中国	6,670	11%	4	EU	7,911	13%
5	インド	4,305	7%	5	インド	2,811	5%

輸入量（千トン）				輸出量（千トン）		
1	中国	2,177	25%	1	ブラジル	2,314	21%
2	米国	1,387	16%	2	豪州	1,738	16%
3	日本	853	10%	3	インド	1,494	14%
4	韓国	563	6%	4	米国	1,371	13%
5	ロシア	401	5%	5	アルゼンチン	763	7%

（出所）USDA, Foreign Agricultural Service, "Livestock and Poultry: World Markets and Trade, April 9, 2020" より作成。

ルのアマゾン森林累計消失面積は約71万 km^2、消失率は7.3%に達するとされる。これは実に日本の面積の2倍近くに相当する。

○牧畜が地球環境に与える影響

　牧畜、食肉が抱える問題として（1）食糧・水資源、（2）地球温暖化（3）人の健康（4）動物福祉、等が指摘されている。

食肉生産に必要な資源

　食肉用の家畜を飼育するためには、膨大な量の土地と、飼料そして水が必要となる。家畜の中でも牛はもっとも多くの飼料を必要とする。1kgの牛肉をつくるためには、11kg ものトウモロコシ（図8－4）と1万5,400リットルの水が必要とされている[7]。世界で生産される穀物の1/3が家畜等の飼料として消費されている（図8－5）。その穀物総量は約30億人分

図8－4．畜産物1kgの生産に必要な穀物量

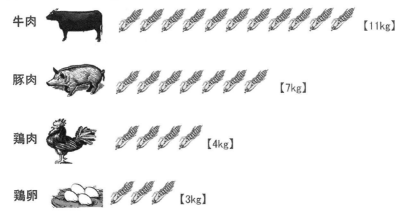

牛肉　【11kg】

豚肉　【7kg】

鶏肉　【4kg】

鶏卵　【3kg】

(注) 日本における飼育方法を基にしたトウモロコシ換算による試算。農林水産省作成。
(出所) 農林水産省「知ってる？日本の食料事情」平成27年（2015年）10月。

図8－5．世界の穀物消費（2017／2018）

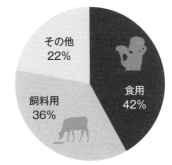

その他
22%

飼料用
36%

食用
42%

(出所) FAO, Food Outlook May 2019.

の食糧に匹敵するといわれる。さらに、飼料用の穀物栽培や放牧のために広大な土地が必要となる。

牛からの温暖化ガス排出量

　畜産部門は温暖化効果ガス排出の大きな要因となっている。FAO（国連農業食料機関）の資料によると、人間活動に伴い排出される二酸化炭素等の温室効果ガスの約4分の1は農業分野からのものとなっており（図8－6）、そのうち約3分の2は牧畜の飼育に関係している（図8－7）[8]。さらに、牛は家畜全体の約6割を占めているとされる[9]。

図8－6．温室効果ガスの排出源

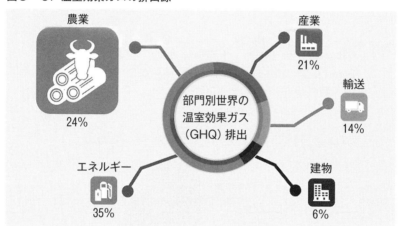

（出所）FAO, "FAO's work on Climate Change: Greenhouse Gas emissions from Agriculture, Forestry and Other Land Use", 2016. 元データは IPCC, 2014.

図8－7．農業分野における温室効果ガスの排出源

（出所）FAO, "FAO's work on Climate Change: Greenhouse Gas emissions from Agriculture, Forestry and Other Land Use", 2016.

○植物由来の代替肉

牛肉が地球環境に大きな影響を与えることが広く認識されるなかで、植物を使った代替肉が大きな注目を集めている。ここでは、牛肉に代わる植物由来の代替肉を製造している代表的な企業として、「ビヨンドミート（Beyond Meat）社」と「インポッシブルフーズ（Impossible Foods Inc.）社」の2社をとりあげる。ビヨンドミートは「肉を超えた」ものを、インポッシブルフーズは、本物の肉と見分けることが「不可能（インポッシブル）」なものを追求することがそれぞれの社名に込められている。

○ビヨンドミート社（Beyond Meat）

ビヨンドミート社（本社、米国）は、2009年にイーサン・ブラウン（Ethan Brown）氏によって設立された。会社を設立する前、ブラウン氏は燃料電池の開発者として働いていた。彼は、自動車の排気ガスを減らす可能性があるためその仕事に意義を感じていたが、家畜が地球に与える環境への影響を減らすことで、社会にもっと貢献できると考えた。「気候（問題）を解決しようと思ったら、家畜（の問題）を解決しなければいけないと気づいた」という[10]。

ビヨンドミート社を設立したブラウン氏は、植物ベースの肉代替品の研究を行っている科学者らと協力し、肉の中のタンパク質と脂肪の組成を複製するために植物材料をどのように使用できるかを研究し始めた。そして、牛肉を構成する4つの要素、タンパク質、脂肪、微量のミネラル、水、これらを動物ではなく植物から採取し、加熱、冷却、圧力を加えることで、味や食感、見た目を限りなく本物の肉に近づけることに成功した。同社のエンドウ豆のタンパク質を主原料とする代替肉製品は、米国のスーパーマーケットで売られようになった。

ブラウン氏はビーガン（完全菜食主義者）だが、決して同社の顧客をベ

ジタリアン等の人たちに限定しているわけではない。彼はインタビューで、「人々に好きなものを食べるなということは愚かなアイデアだ。自分の好きなものを食べ続けていいと言うことが出来るビジネスを立ち上げよう」と語っている[11]。そのために、同社の製品が食肉製品と同じ棚に並ぶことにもこだわっている。

ビヨンドミート社がミシガン大学に依頼した研究によると、ビヨンドミートの植物由来の代替肉を使ったハンバーガーは従来のビーフバーガーに比べ、温暖化ガスの排出89％、エネルギー消費46％、水資源99％の削減効果があるとの結果が得られている（表8－2）[12]。

ビヨンドミートは2019年5月、米ナスダック（NASDAQ）市場に上場（IPO）している。同社はIPO時にSEC（米国証券取引委員会）に提出した証券登録届出書（Form S-1[13]）の中でも「人間の健康、気候変動、資源保護、動物福祉」に言及している。IPO前に、動物保護団体として有名な全米人道協会（Human Society of United States）も同社に出資していた。

表8－2．ビヨンドバーガーと標準的なビーフバーガーの比較

		ビヨンドバーガー (a)	ビーフバーガー (b)	(a) / (b)
温暖化ガス	kg	0.4	3.7	10.8%
エネルギー	MJ	6.1	11.4	53.5%
土地	m²	0.3	3.8	7.9%
水	ℓ	1.1	218.4	0.5%

（注）温暖化ガスは CO_2（二酸化炭素）排出量に換算したもの
（出所）University of Michigan, Center for Sustainable Systems, "Beyond Meat's Beyond Burger Life Cycle Assessment: A detailed comparison between a plant-based and an animal-based protein source" より作成。

○インポッシブル・フーズ社（Impossible Foods）

インポッシブル・フーズ社（本社、米国）は、スタンフォード大学名誉教授（生化学）のパトリック・ブラウン（Patrick O'Reilly Brown）氏によって2011年に設立された。

ブラウン氏は、2009年、18ヵ月のサバテカル休暇（研究休暇）を取得し、世界最大の環境問題であると考えていた工業用畜産農業の廃止のため研究にあてることに決めた。当初、問題解決のためにやらなければならないことは少しの教育だけだと考えていたが、実際には簡単なことではなかった。最終的に、「自由市場の中で動物を使用した農業を減らすための最善の方法は、動物によって作られている既存の市場の中にこれに競合する動物を使用しない製品を送り出すこと」だとの結論に達し、インポッシブル・フーズ社を設立した[14]。

同社は、食肉の本質は「ヘム（hem）」と呼ばれる化合物にあると考えている。ヘムは、血液中ではヘモグロビン、筋肉中ではミオグロビンというタンパク質に存在している。そして、このヘムの代替として大豆由来の成分「大豆レグヘモグロビン（Soy leghemoglobin）」を使うことで本物の肉らしさを再現している。ただし、この成分を直接大豆から抽出するためには非常に大量の大豆が必要となるため、ヘムの遺伝子を組み込んだ酵母を用いて同成分の製造を可能にした[15]。この大豆レグヘモグロビンは2019年8月、米食品医薬品局（FDA）から着色剤として安全との判断が下された[16]。

同社の代替肉を使用したハンバーガー（インポッシブルワッパー）は、ハンバーガーチェーン大手のバーガーキングのメニューとして全米約7千店舗で提供されるようになった。一方、競合のマクドナルドも、ビヨンドミートの代替肉を使用したハンバーガーの販売を計画している。植物由来の代替肉の市場規模は、2018年の46億ドルから2030年には850億ドル（年率28％）まで増えるとの予想もある[17]。

我慢せず、無理せず家畜からの食肉を減らすことが出来るのであれば、牧畜や食肉による諸問題を解決することが出来よう。将来、本物の肉と同等かそれ以上の味、低価格、同様の栄養を含む、かつ安全な代替肉が提供可能となれば、食そのものが大きく変わることになろう。代替肉はそれだけの可能性を秘めているといえる。

8-3　昆虫工場
——廃棄された食品からタンパク質を再生産（リサイクル）

○生産された食糧の3分の1は破棄される
　世界では、貧困や紛争など様々な要因で食糧が得られず、苦しんでいる人が少なくない。国連の報告によると、2018年時点で世界人口の9人に1

図8-8. 栄養不足人口の推移

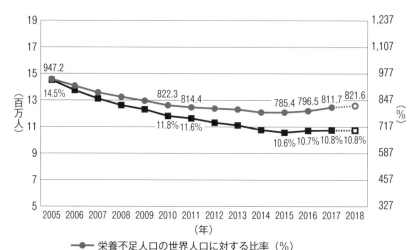

（出所）FAO。

人、推計8億2,000万人もの人々が十分な食糧を得ることができずにいる（図8-8）。さらに、南アジアとサハラ以南のアフリカ地域では、3人に1人の子どもが発育阻害となっている[18]。

世界では毎年40億トンの食糧が生産されている。これは全人口の食を賄うには十分な量とみられている。一方で食品ロスを含め食品廃棄物の量は13億トンにものぼり、年間の生産量の約3分の1は廃棄されていることになる。

○アグリプロテイン（南アフリカ）

南アフリカ共和国の「アグリプロテイン（Agriprotein）社」は魚の養殖などのための飼料として昆虫ベースのタンパク質製品の製造を行っている。同社は2009年から昆虫ベースのタンパク質製品の開発を開始し、2016年、世界初の工業規模（industrial scale）の昆虫工場をケープタウンに建設した。ここでは、1日当たり100トンの廃棄有機物を埋め立て地から回収し1年で2,000トン以上のタンパク質製品（MagMeal）を生産している。この仕組みにより、同社は「栄養素リサイクル（nutrient recycling）企業」とも称される。

同社のCEO（最高経営責任者）であるジェイソン・ドリュー氏（Jason Drew）氏は起業の経緯について以下のように述べている。

「ビジネスの原点は、環境に深刻な影響を与える食品廃棄物の問題を解決すること、同時に、世界に新たな食料源を提案することにある。世界人口の急増に伴い、将来的に食料不足が予測されている。また、地球上の漁獲量の約3割は魚粉に加工され、農作物の肥料として使用されている。その大部分は漁場である南半球から北半球の農地に輸送されるため、その過程で大量の温室効果ガスの排出を伴う。加えて、世界で生産される食品の約3割は廃棄物として埋め立てられ、土壌環境問題の原因ともなっている。

このような食品生産・廃棄物処理の在り方は持続的ではないと考え、食品廃棄物を分解しながら、それ自体が食料にもなりうるハエの幼虫に着目した。」[19]

○魚の養殖

　養殖業は食用向け消費のための魚介類の供給において大きな成長を遂げてきた。食用の魚介類に養殖が占める比率をみると、1974年にはわずか7％に過ぎなかったものが、2014年には約半分を占めるまでになっている（図8−9）。

　一方、2014年の前漁獲量の約13％（2,180万トン）は非食用に向けられている（図8−10）。そのうちの76％が魚粉や魚油に加工され、その他は主に養殖用飼料等さまざまな目的で利用されている。

　世界銀行の予測によると「2030年には世界の食用魚の62％が養殖により生産される」という[20]。また、FAO（国連食糧農業機関）は食品及び飼料における昆虫類の役割に注目した報告書を作成している[21]。同報告書によ

図8−9．世界の漁獲量と養殖生産量

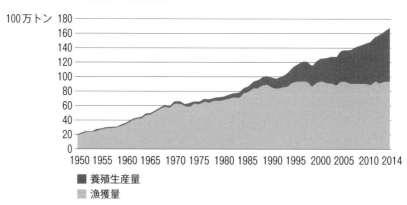

（出所）「世界漁業・養殖業白書2016年」国際農林漁業協働協会。

図8−10. 世界の漁業生産物の利用（数量別内訳）、1962年−2014年

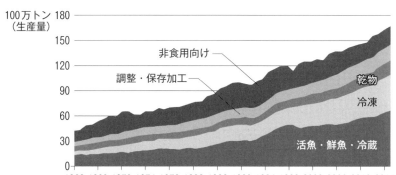

（出所）「世界漁業・養殖業白書2016年」国際農林漁業協働協会。

れば「世界の漁獲量の約10％が魚粉として主に水産養殖に使用されている。水産養殖に対する生産圧力の高まりとともに、近年の魚粉に対する高い需要およびその結果としての価格の上昇が水産養殖および家畜用の昆虫タンパク質の研究開発につながっている」。

　昆虫由来のタンパク質製品が魚粉の代替となれば、コストの低減やヒトの消費に回る魚の供給量が増加するメリットも考えられる。また、魚の輸送も不要となるため温室効果ガスの削減、加えて有機物埋立地による汚染の削減も期待される。

8−4　農業の天候リスクに対する保険
──知らないうちに保険に入っている

○農業におけるリスクと保険
　農業は天候の影響を大きく受ける分野である。近年、世界的な猛暑や干ばつによる農産物の作柄悪化、収穫量の減少、それに伴う価格上昇のニュー

スが多くなってきている。特に、途上国の農村部では天候リスク（干ばつ、洪水等）への対処が、食糧供給の安定化および食糧増産、そして究極的には農家の生活向上の側面から求められている。

　「善意で貧困はなくせるのか？——貧乏人の行動経済[22]」の著者でもあるイエール大学のディーン・カーラン（Dean Karlan）教授らによるガーナでの実証研究によると、後述する天候インデックス保険に加入した農家は、単に現金を供与された農家に比べ、（1）種まき前の土地整備のためのトラクターのレンタル（費用）を増やし、（2）耕作する土地の面積を増やし、（3）化学肥料の購入を増加させた。天候リスクが軽減されることで、それまで敬遠していた化学肥料や高収量品種といった収益性の高い農業投入財の使用を開始する[23]。アフリカ等の新興国において、保険はリスク軽減による所得の安定化に加え、リスクをとって効率性を上げるためのインセンティブを与える効果を持つ。

○天候インデックス保険

　近年、アフリカやアジアの国々の農業セクターを中心に注目を集めている新しい保険に「天候インデックス保険」がある。天候インデックス保険とは、気温、風量、降水量などの天候指標が、事前に定めた一定条件を満たした場合に定額の保険金を支払う保険商品である。この保険は、実際の損害とは関係なく、天候指標ベースでの保険金支払いとなるため、契約者の申し立てに対する被害調査が不要であり、多くの取引費用が不要となり保険料を安くすることと迅速な保険金支払いが可能となる。また、保険金支払いは契約者の行動とは独立に決まるインデックス（天候指標）に基づいているため、従来型の保険が抱えている、契約者が契約後にリスクへの適切な対応を怠る問題や被害額を偽って申告する等の問題を回避出来る。

　しかしながら、実際の保険への加入率は決して高くない。マイクロイン

シュアランスネットワーク（Microinsurance Network）[24]のデータによると、2015年のアフリカにおける保険加入率はわずか5.4%、そのうち半分は南アフリカ1ヵ国で占められている（表8−3）。しかも、このデータは生命保険等のすべての保険商品を含むものであり、農業関連の保険加入者は非常に少ない。新興国において、マイクロクレジット（少額融資）は普及しつつある。融資の場合、銀行等から農家が信用を得ることが出来れば実際にお金を手にすることが出来るが、保険の場合は農家が保険会社を信頼し保険金を保険会社に支払わなければならない。このことが保険の加入率が低い原因の1つとされる。

表8−3．アフリカ国別　保険加入者数および加入率（2015年）

	国名	加入者数（人）	加入率（%）
	アフリカ全体	61, 760, 322	5.4
1	南アフリカ	34, 556, 734	64.0
2	ガーナ	7, 664, 084	29.0
3	ザンビア	3, 338, 932	22.2
4	エスワティニ	271, 393	21.4
5	ナミビア	348, 532	14.8
6	コモロ	63, 767	8.5
7	ウガンダ	2, 607, 367	6.7
8	ケニア	2, 722, 489	6.0
9	タンザニア	1, 989, 914	3.9
10	トーゴ	238, 905	3.4
15	エチオピア	1, 825, 151	1.9
17	マラウイ	275, 634	1.6
20	ルワンダ	144, 700	1.2
24	ナイジェリア	1, 824, 062	1.0

（出所）Microinsurance Network「The landscape of microinsurance in Africa 2015」。

○プーラ社——小規模農家向けの保険サービス

　小規模農家向けの保険サービスを手掛けるケニアの「プーラ（Pula）社」は、2017年にケニア、ルワンダ、ウガンダ、ナイジェリア、エチオピア、マラウイの約61万人の農家に農作物に対する保険サービスの提供を行っている。

　共同設立者のローズ・ゴスリンガ（Rose Goslinga）氏は、以前ルワンダの農務省に勤務していた。その経験から小規模農家向けに保険を提供する会社を起業した。ただし、従来の保険であれば、2〜3ユーロの保険料では立ち行かない。なぜなら、従来の保険は視察を受けて損失があれば保険の見積もりが行われる。アフリカ中部の小規模農家を対象にそうした視察を行うことは割に合わない。

　そこで、同社は衛星データの保険への活用を試みた。そのデータはアフリカ全土について1984年にまでさかのぼることが出来た。これによりアフリカの特定の場所における過去30年間の干ばつの回数を知ることが出来、将来干ばつが起こる確率をかなりの正確さで予測することが可能となった。さらに農作物がいつ、どれくらいの降雨量を必要とするかを調べ、モデルに組み込んだ。しかしながら同社の保険はほとんど売れなかった。ゴスリンガ氏は「保険を作るのは難しかったが、本当に大変だったのは保険を売ることだった」と語っている。

　そこで同社は販売方法を変更した。直接農家に売るのではなく種苗会社が販売する「種」に保険をかけてもらうことにした。具体的には、種一袋ごとの価格に保険のコストを組み込む交渉を行った。一袋ずつに番号の書かれたカードを入れ、購入した農家はカードの番号をプーラ社にメールする。その結果、農家が種を撒く位置を特定し、衛星のピクセル（地表のマス目）を割りはめる。衛星はそれから3週間の降雨量を測定し、雨が降らなければ保険がおりその農家に保険金ではなく新しい種を支給する。

図8−11．プーラ社の保険の仕組み

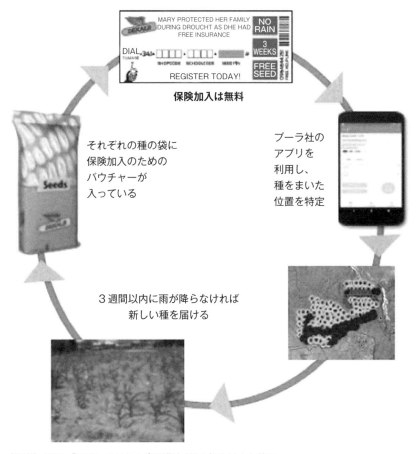

（出所）JICA「SDGs ビジネス事例集」2019 年 3 月より抜粋。

　さらに、同社は収集したデータを活用して、顧客である農家に対して各種アドバイスを提供している。また種子や肥料メーカーに対して保険料を支払うことのインセンティブとしてマーケティングに活用するためのデータの提供も行っている。

8-5 コーヒー豆を使わない分子コーヒー
——豆が収穫出来なくても美味しいコーヒーが飲める

○気候変動の影響によりコーヒー豆が収穫出来なくなる「コーヒーの
　2050年問題」

　コーヒーの国際的な研究機関である「ワールド・コーヒー・リサーチ（World Coffee Research、以下WCR）」の報告書によると、「現在世界のコーヒー生産のほぼ半分（47%）を占める国々では、2050年までにコーヒーの生産に適した土地の60%以上が失われる」と予測されている。例えば、世界のコーヒー生産量の36.3%を占めているブラジルは、予測では2050年までに生産に適した土地の約60%が失われる。被害が最も少ないとされる国々（生産量の21%）でも最大で30%の土地を失う[25]。

　この主な原因は気候変動である。気候変動がコーヒー豆の栽培に及ぼす影響は、（1）雨季と乾季の境目がなくなってきている、（2）温暖化による昼夜の寒暖差の減少、（3）生育に影響を及ぼすサビ病などの病気の発生、等があり、その結果、収穫量の減少、品質の低下が起きる。これに対しては、気候変動耐性、品質、生産性、病気抵抗力に優れた品種の開発等の取り組みが行われている。

　一方、経済成長を背景にコーヒーの消費量は1990年以降、平均2.1%の割合で増加を続けている。WCRによると、コーヒーの消費量が年平均2%で上昇を続けた場合、2050年までに2億9,800万袋[26]の生産量が必要となる。この量は現在の世界のコーヒー生産量の2倍に相当する。その結果、生産量が従来の水準で増加したとしても、6,000万袋、気候変動への対応がなされない場合は1億8,000万袋もの受給ギャップが発生する可能性がある。これはすなわち、コーヒーの価格上昇、現在の価格で購入可能なコーヒーの品質低下を意味する。

○アトモ社──豆なしの分子コーヒー

米国の「アトモ（Atomo）社」は、リバースエンジニアリング（reverse engineering）を用いた斬新な方法でコーヒーの製造に取り組んでいる。リバースエンジニアとは、完成品（含むソフトウェア）を分解、解析することで、その動作原理や製造方法、構造、仕様の詳細、構成要素などを明らかにすることを指す。同社は、コーヒー豆から作られた本物のコーヒーの成分（分子）を解析し、コーヒー豆なしに他の代替成分によってコーヒーの味の再現を試みた。

同社のCEO（最高経営責任者）のアンディ・クライシュ（Andy Kleitsch）氏と食品科学者のジェレット・ストップフォース（Jaret Stopforth）博士（同社 チーフサイエンティスト）は、コーヒー豆を使わずにコーヒーを作るというプロジェクト「ATOMO！」を開始した。彼らはまずコーヒーに含まれる化合物についての研究から始めた。その結果、コーヒーには1,000以上の化合物が含まれているが、コーヒーの味を決めているのはそのうち40程度だとわかった。そして、自然界にある利用可能な材料から取り出した分子化合物を使ったコーヒーを作った。

全く同じ味にするだけではなく、苦味を取り除くことで、普段コーヒーに砂糖やミルクを入れている人でもそれなしに飲める味のコーヒーも作っている。さらに、液体のコーヒーだけでなく、焙煎されたコーヒーの粉の製造にも取り組み、スイカの種やひまわりの種の皮などを使って見た目も本物のそっくりな、実際にドリップマシンを使っていれることの出来るコーヒーも完成させている。同社のコーヒーの原材料の95％は直物由来の製品（up-cycled plant products）とされる。

○エンドレスウェスト社──分子ウィスキー

リバースエンジニアリングの食への応用は、コーヒーだけではない。米

国のエンドレスウェスト（Endless West）社は、世界初の分子ウイスキー「Glyph」の製造・販売を行っている。同社には香港の大富豪である李嘉誠氏が 1,300 万米ドルを投資し、同社の分子ウィスキーが香港で発売になったたことで話題となった。一般的なウィスキーは完成までに 3 年から 10 年かかるが、分子ウイスキーは化学物質を加えて 24 時間で完成するという。

2015 年、共同創業者で最高技術責任者（CTO）のマルドン・チェア（Maronn Chua）氏は、米国カリフォルニア州のワイン産地であるナパバレーを訪れた際、「あまりに高価なワインに対して味見出来ないボトルは何の役に立つのだろうか」と思った。そして、科学者として、「伝統的な製法を使わずに同じワインを作ることは可能か」と自問したという。こうした疑問が発端となり、科学者仲間のアレック・リー（Ales Lee、同社 CEO）氏とソムリエのジョシュ・デコロン（Josh Decolongon、同社共同創業者）氏と協力して、事業を開始した。

同社は、ビンテージワインの再現に成功したが、ブドウから作ったものではないため、規制の面から断念し、ウィスキーの商品化に向かった。なお、同社のウェブサイトには、分子ウィスキーの他に、分子ワイン（Gemello）と分子日本酒（Kazoku）も掲載されている[27]。

○食のリバースエンジニアリングの可能性

上記のような食品を対象としたリバースエンジニア技術には食のデジタルデータ化という側面もある。つまり、分子レベルで全く同じ味や香りが再生可能ということは、そのデータさえあれば、世界中さらに宇宙空間であっても同じものが再生可能ということである。

現時点では飲料のみであるが、将来は食の 3D プリンターの性能の飛躍的向上とともに、いろいろな食品の再生が可能となるかもしれない。

注

(1) United Nations, "World Population Prospects The 2017 Revision".

(2) FAO, "The future of food and agriculture – Trends and challenges", February 2017.

(3) United Nations, "2018 Revision of World Urbanization Prospects.", May 16, 2018.

(4) プレンティによると、作物の収穫効率を従来比で最大350倍に高めることが出来るとされる。

(5) 農林水産省「食品流通段階別価格形成調査（平成26年度）」によると、青果物（調査対象16品目）の小売価格に占める流通経費の割合は54.9%、その内訳は、集出荷団体経費16.5%、卸売経費（卸売手数料）4.6%、仲卸経費9.1%、小売経費24.7%となっている。

(6) 国連のデータによると、人口100万人以上の都市圏は513（2015年）。

(7) https://waterfootprint.org/en/resources/interactive-tools/product-gallery/

(8) FAO, "FAO's work on Climate Change: Greenhouse Gas emissions from Agriculture, Forestry and Other Land Use", 2016.

(9) FAO, "Global Livestock Environmental Assessment Model (GLEAM) | Food and Agriculture Organization of the United Nations"

(10) "Beyond Meat CEO on Why We Don't Need Animals to Enjoy Meat", Time, June 6, 2019.

(11) "ACE INTERVIEWS: ETHAN BROWN, CEO BEYOND MEAT", April 28, 2015.

(12) University of Michigan, Center for Sustainable Systems, "Beyond Meat's Beyond Burger Life Cycle Assessment: A detailed comparison between a plant-based and an animal-based protein source"

(13) 日本における目論見書や有価証券届出書に相当。

(14) "THE BIOGRAPHY OF A PLANT-BASED BURGER", Pacific Standard, July 28, 2017.

(15) 「牛肉そっくりの「合成肉」でハンバーガーができるまで──奇妙な「科学」の裏側と、安全性を巡る攻防」、WIRED、2018年1月11日。

(16)「インポッシブル・バーガー、販売拡大の関門突破─FDAが規制変」、Bloomberg、2019 年 8 月 1 日。

(17) UBS, "The food revolution", July 2019.

(18) UNICEF, "The State of Food Security and Nutrition in the World 2019", July 2019.

(19) JETRO「ハエを活用して食料問題と環境問題の解決へ（南アフリカ共和国）」2019 年 9 月 25 日。https://www.jetro.go.jp/biz/areareports/special/2019/0901/04dedbced34f0109.html

(20) The World Bank, "Fish to 2030 : prospects for fisheries and aquaculture", January 31, 2014.

(21) FAO, "Edible insects Future prospects for food and feed security", May 2013.

(22)「善意で貧困はなくせるのか？─貧乏人の行動経済学」ディーン・カーラン／ジェイコブ・アペル著、みすず書房、2013 年。

(23) Karlan, D., R. Osei, I. Osei-Akoto, and C. Udry. 2014. "Agricultural Decisions after Relaxing Credit and Risk Constraints." The Quarterly Journal of Economics 129 (2). Oxford University Press: 597–652.

(24) ルクセンブルクを拠点とする非営利団体。40 カ国以上から 300 以上の専門家と 80 の組織が参加している。

(25) World Coffee Research, "Annual Report 2017".

(26) 1 袋＝約 60kg

(27) https://endlesswest.com/exclusives/

第9章
社会問題解決のための資金を
どうやって調達するか

　社会問題解決のために必要な資金をどこから調達するか、これも非常に重要な問題である。一般的は税金や寄付が資金源として期待される。しかしながら、それらは公的な財政や景気等の経済状況によって左右される。また、必ずしも必要なところに必要な資金が投入されるとは限らない。

　ここでは、資金の流れをコントロールし、社会問題解決に向かわせる施策として2つの事例を見てみたい。1つは、米国の「オポチュニティゾーン（Opportunity zones）」と呼ばれる税制優遇プログラムである。これは、含み益を抱えた投資家の資金を低所得地域への投資に向かわせるものである。

　もう1つは、オーストラリアの「アセットリサイクリング（Asset recycling）」である。これは、政府等の公共セクターが保有する既存のインフラ資産や運営権を民間セクターに売却または長期リースし、その収益により新しいインフラ整備を行うものである。この手法を使えば、新たな借り入れ等を行うことなく新規のインフラ投資が可能となる。

9-1　米国の「オポチュニティゾーン」プログラム

○トランプ税制改革

　米国ドナルド・トランプ（Donald Trump）大統領が2017年12月に署名した税制改革法案[1]のなかに「オポチュニティゾーン（Opportunity zones）条項（Sec.13823）」が含まれている。これは、単なる減税措置ではなく、米

国内の経済的に困窮している地域に経済開発と雇用創出を促進するための
プログラムとして注目されている。

　このプログラムは、各州知事が州内の低所得地域の中から「適格オポチュ
ニティゾーン、（Qualified Opportunity Zones、以下 QOZ）」（後述）を指
定、投資家が資産売却で得たキャピタルゲインを QOZ に長期投資するこ
とで、そのキャピタルゲインに対する税金が減額となり、かつ投資したファ
ンドのキャピタルゲインについても非課税となる、というものである。

　このプログラムについては、音楽ファイルの共有サービスのナップスター
（Napster）の共同創業者およびファイスブックの初代 CEO として知られ
るショーン・パーカー（Sean Parker）氏と彼が創設したシンクタンク
「Economic Innovation Group (EIG)」の貢献が大きいと言われている[2]。
2015 年 4 月、EIG からは初めてこのアイデアが発表された[3]。その後、民
主・共和両党の国会議員からの支持が広がり、2016 年 4 月、法案として提
出された。当初は単独法案として法制化を目指していたが、結果として税
制改革法案の一部として 2017 年 12 月に成立した（表 9 - 1）。

表 9 - 1．オポチュニティゾーンに関する動向

時期	出来事
2015 年 3 月	Economic Innovation Group (EIG) 設立
2015 年 4 月	EIG、オポチュニティゾーンに関するレポートを発表
2016 年 4 月	Timothy Scott 議員（共和党）と Cory Booker 議員（民主党）が上院議会に法案を提出 Pat Tiberi 議員（共和党）と Ron Kind 議員（民主党）が下院議会に法案を提出
2017 年 12 月	トランプ大統領が税制改革法案に署名
2018 年 10 月	IRS、ガイダンスをリリース。あわせてパブリックコメントを募集。
2019 年 2 月	公聴会開催
2019 年 4 月	IRS、追加のガイダンスをリリース。

（出所）各種報道等より作成。

○税務上の優遇措置

　オポチュニティゾーン（OZ）プログラムでは、株式、投資信託、不動産等の資産売却によりキャピタルゲインを得た投資家は、売却後180日以内に「適格オポチュニティファンド（Qualified Opportunity Fund、以下QOF」（後述）に投資することで、以下の税制上の優遇措置を受けることが出来る（図9－1）。

　（1）キャピタルゲインにかかる税金の支払いを2026年末まで繰り延べ。

　（2）支払い時の課税対象額は、QOFへの投資期間が5年以上7年未満は10％、7年以上は15％減額。

　（3）QOFへの投資を10年以上継続した場合、QOF売却時のキャピタルゲインは非課税。

図9－1．オポチュニティゾーン減税措置の概要

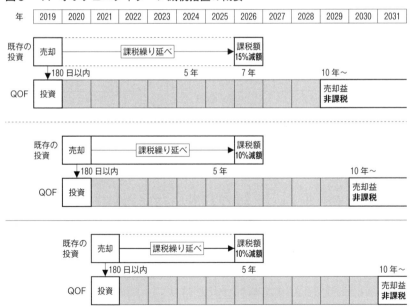

（出所）米国IRS資料より作成。

2021年までに含み益のある資産を売却し、そのキャピタルゲインをQOFに投資しなければ、本プログラムの優遇措置を受けることは出来ない。さらに、課税対象額の15%の減額を受けるためには、2019年内に実施しなければならない。これにより早期の投資を促進する効果がある。また、10年以上QOFに資金をおくインセンティブを与えることで、QOZへの長期の安定した投資が期待される。

○適格オポチュニティゾーン（QOZ）は各州知事が指定

QOZ指定の条件

QOZの選定にあたっては、法律によって規定されている「低所得区域（low-income community）」の中から、州知事が指定を行う。州内のQOZとして指定する区域[4]の数は低所得区域の数の最大25%とされている（州内の低所得区域が100に満たない場合を除く）。

低所得区域以外でも、低所得区域に隣接しかつ隣接する低所得区域の平均世帯収入の125%を超えてない地域については（上記25%のうち）最大5%まで、指定することが可能であった。

承認されたQOZの状況

結果的に、全米50州とワシントンDC、および5つの海外領土（Territories）で約8,700のQOZが米財務長官のよって認定された（図9－2、図9－3）。なお、プエルトリコはほぼ全域がQOZとなっている[5]。認定されたQOZは決定から10年、つまり2028年末まで有効であり、途中で変更されることはない。

QOZの状況をみると、低所得区域の平均よりも悪い指標が多い（表9－2）。QOZの平均貧困率は米国全体の2倍近く、さらにQOZの5分の1以上が貧困率40%を超えている[6]。

図9－2. 認定オポチュニティゾーン（QOZ）（全米）

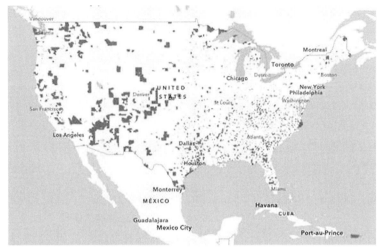

（出所）Economic Innovation Group
　　　 https://esrimedia.maps.arcgis.com/apps/View/index.html?appid=77f3cad12b6c4
　　　 bffb816332544f04542

図9－3. 認定オポチュニティゾーン（QOZ）（マンハッタン周辺）

（出所）Economic Innovation Group　上記（図9－2）を拡大したもの。

表9－2．オポチュニティゾーンの各種指標の比較

	オポチュニティゾーン	Oゾーン以外の低所得区域	低所得区域	米国全体
貧困率	28.7%	24.2%	25.4%	15.1%
平均世帯収入（USD）	42,400	47,200	45,900	67,900
非就業率（25～64歳）	36.5%	32.2%	33.5%	27.6%
大学卒業以上の学位	17.2%	19.1%	18.6%	30.3%
高校を卒業していない	22.4%	20.5%	21.0%	13.0%
非白人マイノリティ	56.2%	53.7%	54.5%	38.0%
空き家率	12.0%	10.5%	10.9%	8.2%
平均寿命（歳）	75	76	76	78

（出所）EIG資料より作成。

○投資はファンド経由に限定

適格オポチュニティファンド

このプログラムによる税務上の優遇措置を受けるためには、キャピタルゲインを180日以内に「QOF（適格オポチュニティファンド）」に再投資しなければならない。

QOFの形態は、法人（Corporate）、パートナーシップ（Partnership）のどちらでもかまわない。IRSに申請書（Form 8996）と所得税申告書（federal income tax return）を添えて提出することでQOFとなることが出来る。

QOFは資産の90％以上をOゾーン域内に投資しなければならず、課税年度の半年ごとにこの条件を満たしているかどうかの確認が行われる（90％テスト）。90％に達していない場合はその割合に応じて罰金が科される。

ファンドを利用することのメリット

QOFは取引において公的機関等の事前承認を必要としないため、投資を実施する際にかかるコスト、手続きの複雑さ、要する時間等、他のプログ

ラムに比べ優位な点が多い。

また、マーケットに対する感度も高いため、投資機会の選別、投資後の監視にも期待がもたれる。それらを含め、単に税制メリットだけではなく、純粋に投資対象として投資家にアピールすることになる。

QOF の事業

QOF が不動産事業を行う場合、その資産の 90％以上が O ゾーン内にある必要がある。さらに、対象となる不動産は QOF によって 2017 年 12 月 31 日以降新規に購入され、かつ取得日から 30 カ月以内に購入金額と同額の投資を行い開発・改修を実施しなければならない。単に値上がりを狙った不動産取得は認められない。これにより、QOF への投資が確実に QOZ 内の投資に向かうことを狙っている。

基本的に QOF はあらゆる事業を行うことが出来るが、ゴルフ場、カントリークラブ、マッサージパーラー、競馬場、その他ギャンブル施設、酒店等は除外される。

米国 NCSHA[7]がまとめている QOF のデータ（2019 年 4 月 4 日時点、116 ファンド）をみると、その投資対象（Investment focus）のほとんどが不動産関連で占められている。これは、2018 年 10 月 19 に IRS から出されたガイドラインでは、QOZ 内の事業として認め条件が明確でなかったことが原因とされる。

なかには農業を対象としているファンドや防衛技術(Defense Technology)を対象としたファンドもある。

投資対象地域をみると、3 分の 1 程度が地域を限定していない。投資対象地域を限定しているファンドの中には、対象をプエルトリコに限定しているファンドもある。また、HBCU（Historically Black Colleges and Universities、黒人に高等教育の機会を与えるためにつくられた大学群）コ

ミュニティに焦点をあてたファンドもある。

2019年4月17日、米国IRSから追加のガイダンスが発表された[8]。同ガイダンスには、QOZ内の事業として認められるための以下の条件が含まれていた。

(1) 労働時間：対象事業に携わる従業員（外部委託先を含む）の労働時間の少なくとも50%がQOZ内で行われる。
(2) 賃金：対象事業に携わる従業員（外部委託先を含む）への賃金の少なくとも50%がQOZ内で業務の対価として支払われる。
(3) 設備、管理運営機能：対象事業の総収入の50%を創出するための設備および管理運営機能がQOZ内に存在する（保管されている）。

例えば、ソフトウェア開発のスタートアップがQOZに開発拠点を置き、労働時間もしくは賃金ベースで少なくとも50%がQOZ内で占められていれば、開発したソフトウェアが海外を含めどこで購入されても対象企業となる（上記(1)および(2)）。また、土木建築関連の企業がQOZ内に保管されている設備（機材、消耗品等）およびQOZ内にある管理運営機能によって総収入の半分以上を稼ぐのであれば、対象企業となる（上記(3)）。

○評価と懸念

オポチュニティゾーンの特筆すべき点は、そのプログラムの柔軟性とスケーラビリティ（規模）にある。

柔軟性

低所得コミュニティは多様な問題を抱えており、その解決のためには不動産開発だけではなくさまざまな企業、ビジネスを必要としている。それ

に対応するためには投資対象となるビジネスを制限することなくあらゆる可能性を含めておくことが重要となる。

また、ファンドを利用することのメリットでも説明したように、QOFは取引において公的機関等の事前承認を必要としないため、投資を実施する際にかかるコスト、手続きの複雑さ、要する時間等を節約することが出来る。

スケーラビリティ（規模）

多くの連邦政府の活性化プログラムには各種の規模（金額）に制限が設定されている。例えば、低所得住宅税額控除（Low Income Housing Tax Credits）などの税額控除プログラムでは、税額控除額に上限が設けられている。それらとは異なりオポチュニティゾーンプログラムには政府から資金提供（補助金）がない一方、税額控除の対象となる金額に制限がない。また、投資するQOFの数にも制限がない。つまり、投資を受けるQOZにも制限がないということである。

EIGによれば、2017年末時点で米国の世帯および企業は6.1兆米ドルの含み益（未実現のキャピタルゲイン）を有している（家計：3.8兆米ドル、企業：2.3兆米ドル）[9]。この一部であっても、QOZへの投資に向かうとすれば巨大な投資となりうる。

ジェントリフィケーション

一方、オポシュニティゾーンは「ジェントリフィケーション（Gentrification）」を加速させるリスクを抱えている、との指摘もある。ジェントリフィケーションとは、都市周辺の開発が急速に進み不動産価格の高騰などによって昔からの住民が追い出されてしまう現象のことをいう。例えば、アマゾン・ドット・コムがニューヨーク市に第2本社を建設する計画を発表した際、

地元住民が高所得者の流入による家賃の急騰を危惧した。そのため、地元で反対運動が起き、アマゾンの計画は撤回された。

　ブルッキングス研究所（Brookings Institution）は2018年2月のレポートにおいて、「大都市圏のほとんどの地域では、開発の推進と既存住民の支援の間の適切なバランスに取り組んでいる。オポチュニティゾーンはそのバランスの一方を優先する。地元住民を維持し中低所得層の住宅を保護または拡大する方針がないために、貧しい住民が恩恵を受けるのか追い出されるかは不確実である」と指摘している[10]。

地域格差の拡大懸念

　約8,700のQOZのうち、必要な規模の投資を集めることが出来るのは一部の地域にとどまるとの指摘もある。ある地域が高い成長をみせれば、他のファンドからの投資も増加する可能性もある。

　QOZを抱える州や地域の競争が激しくなることが予想される。すでに、いくつかの州からはオポチュニティゾーンを活用する計画が発表されている。

○オポチュニティゾーンの示唆

　社会問題の解決手法としては、オポシュニティゾーン・プログラムは参考にすべき点が多い。そのなかで、ここでは、以下2点を取り上げておきたい。

　・税務上の優遇措置により資金の流れをコントロール
　・マーケットメカニズム

税務上の優遇措置により資金の流れをコントロール

　米国の事例は、キャピタルゲインを対象としている。キャピタルゲイン

は長期投資に適した資金といえる。実際に獲得したキャピタルゲインが手元にあり、本来であれば納めなければいけない税金を繰り延べることでいっしょに QOF に投資することになる。プログラムに回る資金はそれだけ増加する。また、繰り延べられた税金を払う際に、QOF に投資した一部を解約すると、まだ投資から 10 年経過していないために、その投資分のキャピタルゲインに税金がかかってしまう。したがって他から税金分を用意するインセンティブが働く。このように投資家はプログラムの意図したように動かされる。

　地域の活性化のみならず解決しようとする社会問題を解決するためにプロジェクトが資金を必要としている場合、単なる減税措置だけではなく、どのような投資資金を呼び込むのが適しているのか、どのような仕組みにするのかが重要となろう。

マーケットメカニズム

　行政が出資し施設運営を民間に委託する事業では経営が苦しくなるところが少なくない。その原因としては、初期投資が税金で賄われることによる事業計画や運営の甘さが指摘される。もちろんこれは行政に限ったことではなく、企業による出資案件でも責任の所在があいまいな場合には同じことが起きる可能性がある。また、投資家、まして個人が細かくチェックすることは容易ではない。

　そこで、プロジェクトを精査し、投資に見合ったリターンを出すことが出来るかどうか、さらに投資後のモニタリングを含めた役割を担うファンドを活用することは、有用であろう。もちろんこの場合、ファンドの人的および投資選定等に関して行政から独立性は必須である。

　また、同じ地域、同じプロジェクトを投資先とするファンドは複数あったほうがいい。1 つだけだと競争が働きにくい。

対象となる自治体やプロジェクトは、いかに投資対象として魅力的なものにするか考えなくてはならない。一時的な補助金や寄付に頼るのではなく事業として継続していくためには、付加価値を生み続けることの出来る中長期のプランも必要となる。ビジネスとしてはいたって当たり前のことである。

9-2 オーストラリアの「アセットリサイクルリング」

○注目を集めるオーストラリアのインフラ資金調達

米国のドナルド・トランプ大統領は 2016 年の大統領選において 10 年間で 1 兆ドルのインフラ投資案を掲げた。さらに、2018 年 1 月 30 日に行われた一般教書演説では、「1.5 兆ドルの新規のインフラ投資」に言及している。ただし、その財源については「国と地方政府の連携および必要に応じて民間投資の活用」とあるだけで具体的方策は示されてはいない。米国に限らず先進国の厳しい財政状況からすれば、民間資金の活用はその重要性は増す一方である。

インフラ整備への民間資金への活用においては、オーストラリアのケースが参考事例としてとりあげられることが多い。同国では 1988 年のシドニーハーバートンネル・プロジェクト[11]以降、積極的に民間資金を活用してきた。近年では公共インフラ投資に占める民間セクターの比率が 5 割を超えてきている[12]。

さらに国のインフラ投資に参考になる考え方として、オーストラリアの「アセットリサイクリング（asset recycling）」が注目されている[13]。アセットリサイクリングとは、「政府等の公共セクターが保有する既存のインフラ資産を民間セクターに売却または長期リースし、その収益により新しいインフラ整備を行う」ことである。この手法を使えば、新たな借り入れ等の

資金調達を行うことなく新規のインフラ投資が可能となる（図9 − 4）。

　アセットリサイクリングによるインフラ整備資金調達の代表的な事例として、オーストラリアのニューサウスウェールズ（New South Wales、以下NSW）州が、送配電事業を同国の大手年金基金等に99年の超長期リース契約で民営化した案件が挙げられる。

図9−4．インフラ投資におけるアセットリサイクリングのイメージ

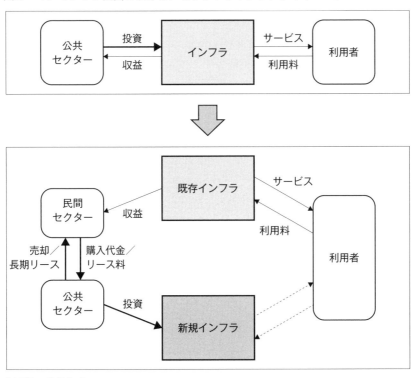

（出所）　著者作成。

○オーストラリア連邦政府による「アセットリサイクリング・イニシアティブ」

2013年9月のオーストラリアの総選挙の結果、約6年続いた労働党から保守連合に政権が交代した。新政権は2014年度（2014年7月〜15年6月）予算案において、前労働党政権の政策を批判し、社会保障や福祉を含む大幅な歳出削減の方針を打ち出す中、インフラ成長パッケージ（Infrastructure Growth Package）の一部として、2014年3月「アセットリサイクリング・イニシアティブ（Asset Recycling Initiative、ARI）」を発表した。ARIは、地方政府（the states and territories）がインフラ資産を売却し、その収益を新たな公共インフラに再投資するインセンティブを提供する、という政策である。具体的には、既存インフラの売却によって得た資金により新たなインフラ投資を行った場合、その投資金額の15％を連邦政府が地方政府へ財政的貢献（financial contribution）として支給する[14]。ARIの上限は総額50億豪ドルで、先着順で利用可能となっており、2019年6月末までに資産の売却および新規のインフラ建設が開始されなければならない。

○NSW州政府による送配電事業の民営化

2014年6月、NSW州政府は、保有する送配電事業の所有権の半分を民間に売却（99年のリース契約）する計画を発表し、4つの送配電網のうち3社を対象とした（表9−3）。主に郡部に電力を供給するエッセンシャルエナジー（Essential Energy）については、都市部に比べ住民の電力民営化に対する反対が強く民営化の対象からは外された[15]。

民営化にあたりNSW州政府は住民の懸念に配慮し、以下の条件を発表している。

・民営化によるネット収益の全額を新規のインフラ（鉄道、道路等）に投資する

表9－3．NSW州の送配電網

送配電網	サービス概要	民間へのリース比率
トランスグリッド (TransGrid)	高圧送電網を運営	100%
オースグリッド (AusGrid)	シドニー、セントラルコースト、ハンター地域の家庭や企業に電力を供給	50.4%
エンデバーエナジー (Endeavour Energy)	西シドニーやイラワラ地域等の家庭や企業に電力を供給	50.4%
エッセンシャルエナジー (Essential Energy)	NSW州の上記以外の地区(州面積の95%)の家庭や企業に電力を供給	※100%州政府保有を継続

（注）各社の供給地域については（図9－5）を参照。
（出所）NSW州資料および各社資料より作成。

・送配電料金[16]を2019年までに1%引き下げる
・従業員（permanent award employees）の雇用の保証と雇用条件を継続する
・電力供給の信頼性に悪影響を与えない
・ネットワーク事業の地域のプレゼンスを維持する

　オーストラリアでは公営／民営にかかわらず、すべての送配電会社の料金設定はオーストラリア・エネルギー規制局（Australian Energy Regulator）によって規制されており、既定のサービス水準に見合った妥当なコストかどうか評価・判断される。また、リース後の信頼性や安全性等については、NSW州政府が引き続きその責任において監督することとしている。

　2015年3月のNSW州選挙においては、この民営化が争点の1つとなった。野党労働党は「民営化により電力料金が高くなる」という主張を行い、反民営化の選挙キャンペーンを展開した。しかしながら、「すでに民営化を実施したビクトリア（Victoria、VIC）州とサウスオーストラリア（South Australia、SA）州の送配電料金は民営化以来実質ベースで下落した」と

図9－5．NSW州送配電各社の供給地域

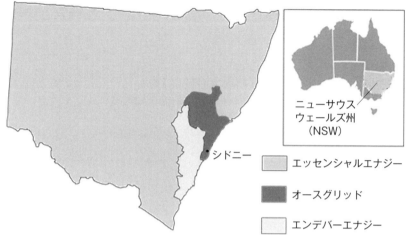

（出所）NSW州資料より作成。

の調査報告[17]もあり、そのような主張が支持を得ることはなく、与党保守連合が再選を果たし、送配電事業の民営化は計画通り進められることとなった。

○トランスグリッドの民営化

　NSW州政府は、まず、高圧送電網を運営している「トランスグリッド（TransGrid）」の入札を実施した。入札の結果、2015年11月、オーストラリア企業主導のコンソーシアム（共同事業体）と約100億豪ドルで契約を締結した（表9－4）。また、コンソーシアムは2019年の総ネットワーク料金が2014年よりも低くなることを確認する「電気料金保証（Electricity Price Guarantee）に署名している。

表9-4. トランスグリッド案件の運営権を獲得したコンソーシアムのメンバー

投資家	概　要	比率 (%)
CDPQ	ケベック州貯蓄投資公庫（Caisse de dépôt et placement du Québec） 主に公務員年金基金、公務員共済基金、公的保険基金の資産を運用するカナダで資産規模第2位の運用機関	24.99
Hastings	オーストラリアのインフラに特化した投資会社（本社メルボルン）	20.02
Tawreed Investments Ltd	アブダビ投資庁（ADIA）の100%子会社のインフラ投資専門組織	19.99
Wren House Infrastructure Management	クウェート投資庁（KIA）の100%子会社のインフラ投資部門	19.99
Spark Infrastructure	オーストラリアの上場企業（本社シドニー） TransGrid以外に国内に3つの配電網の資産を保有している	15.01

（出所）NSW州公表資料（2015年11月27日）等より作成。

○オースグリッドの民営化

　続いてNSW州政府は「オースグリッド（Ausgrid）」の入札を実施した。オースグリッドは州最大の送電網を持ち、シドニー、セントラルコースト、ハンター地域の170万以上の家庭や企業に電力を供給している。

　なお、この入札において、オーストラリア連邦政府はオースグリッドの外国企業への売却を阻止する予備決定を下した[18]。オーストラリア財務相は声明で「審査の期間中に、オースグリッドが企業や政府に提供している重要な電力・通信サービスにおいて国家安全保障上の問題が確認された」と説明している[19]。オーストラリアでは電力事業に対して外資規制を課してはいないものの、非常に多額もしくはセンシティブな問題を含む案件については、国益（National Interest）に反しないか、外国投資審査委員会

(Foreign Investment Review Board、FIRB）によって審議が行われることとなっている[20]。

　その後、オーストラリアの投資運用会社「IFM インベスターズ」と同国最大の年金基金「オーストラリアンスーパー（AustralianSuper）」のコンソーシアムから非公募提案（Unsolicited proposal）があり、2016 年 10 月、NSW 州政府は約 160 億豪ドルでオースグリッドの 50.4％についてリース契約を締結した。IFM インベスターズは、オーストラリアスーパーを含む28 の年金基金が株主となっており、世界最大規模のインフラファンドを運営している。

○エンデバーエナジーの民営化

　NSW 州政府は、最後の案件として、「エンデバーエナジー（Endeavour Energy）」の入札を実施した。その結果、2017 年 5 月、オーストラリアのマッコーリー・グループが主導するコンソーシアムが約 76 億豪ドルで運営権を獲得した（表 9 − 5）。

　コンソーシアムに 25％を出資する AMP キャピタルの分は、オーストラリアの年金基金である「REST（Retail Employees Superannuation Trust）」が AMP キャピタルを通じて投資している。REST はオーストラリアで資産規模第 9 位、加入者数第 2 位の大手年金基金である（2016 年 6 月末時点）。

　コンソーシアムのメンバーをみると、全ての案件においてオーストラリア企業がコンソーシアムを主導している。また、海外メンバーは年金基金の資金を運用するファンドもしくは国家の資金を運用する SWF[21]であった（表 9 − 7）。

表9−5．エンデバーエナジー案件の運営権を獲得したコンソーシアムのメンバー

投資家	概　要	比率 (%)
Macquarie Infrastructure & Real Assets	オーストラリア、マッコーリー・グループ傘下の世界最大のインフラ資産管理会社	30.16
AMP Capital	オーストラリアの総合金融グループ「AMP リミテッド」の資産運用子会社 ※実質の投資家はオーストラリアの年金基金「REST」	25.00
British Columbia Investment Management Corporation	カナダの投資運用会社。主に年金基金（84.4%）、政府機関（13.1%）の資金を運用。	25.00
The Qatar Investment Authority	カタール投資庁（QIA）	19.84

（出所）NSW 州公表資料（2017 年 5 月 11 日）等より作成。

表9−6．NSW 州の送配電事業の民営化の推移

年月	出来事
2014 年 6 月	NSW 州政府、送配電事業の持ち分の半分を 99 年リースとし、民間オペレーターに売却する計画を発表
2015 年 3 月	NSW 州選挙において民営化を推進する与党保守連合が再選される
2015 年 11 月	NSW 州政府、「トランスグリッド」のリース契約をオーストラリア企業主導のコンソーシアムと締結
2016 年 8 月	オーストラリア連邦政府、「国家安全保障上の問題が残る」として「オースグリッド」の外国企業への売却契約を阻止する仮決定
2016 年 10 月	NSW 州政府、「オースグリッド」のリース契約を IFM インベスターズとオーストラリアンスーパーのコンソーシアムと締結
2017 年 5 月	NSW 州政府、「エンデバーエナジー」のリース契約をマッコーリー・グループ主導のコンソーシアムと締結

（出所）各種資料より作成。

表9－7．NSW 州の送配電網の入札結果

送配電網	民間へのリース比率	契約金額（億豪ドル）	コンソーシアムメンバー
トランスグリッド (TransGrid)	100%	102.58	CDPQ Hastings アブダビ投資庁 クウェート投資庁 Spark Infrastructure
オースグリッド (AusGrid)	50.4%	161.89	AustralianSuper IFM インベスターズ
エンデバーエナジー (Endeavour Energy)	50.4%	76.24	Macquarie AMP Capital（REST） BCI カタール投資庁

（出所）各種資料より作成。

○新規インフラへの投資と財政上のインパクト

　トランスグリッド、オースグリッドの超長期リース売却代金は NSW 州の基金（Restart NSW fund）にプールされる。この基金は ARI が発表されるよりも前（2011 年）に、同州のインフラ・プロジェクトへの資金提供のために設立されたものである。予算とは切り離し、専用のファンドを介することで透明性を確保している。2017 年 6 月時点、上記 2 つの案件を含め Restart NSW fund の資金総額は 298 億豪ドル、加えて ARI により（基準を満たすことを条件に）約 22 億豪ドルが支給される予定である[22]。

　ARI において、長期リースに供される予定のインフラ資産および調達資金を投じる予定のインフラプロジェクト（Projects and Programs）は、連邦金融問題評議会（Council on Federal Financial Relations）のウェブサイトで公開されている。ちなみに新規プロジェクトは、すべて完成後運賃や利用料の収益を生む事業となっている（表9－8）。

表9-8. NSW 州の新規インフラ投資案件

新規プロジェクト	インフラ種別	投資額 (100万豪ドル)	連邦政府からの支給
Sydney Metro	地下鉄	11, 303. 5	1, 695. 5
Sydney's Rail	鉄道	655. 7	98. 4
Parramatta Light Rail	〃	522. 0	78. 3
Pinch Points and Clearways	道路	347. 8	52. 5
Smart Motorways	〃	400. 0	60. 0
Gateway to the South	〃	260. 9	39. 1
New England Highway	〃	202. 0	30. 3
Princes Highway	〃	350. 0	52. 5
Mitchell Highway	〃	37. 4	5. 6
Newell Highway	〃	525. 0	78. 8
合計		14, 604. 3	2, 190. 9

（出所）"National Partnership Agreement on Asset Recycling Schedule B –New South Wales Asset Divestments and Projects" より作成。

　NSW 州の計画では表9-8の他に、学校、病院、文化施設等への投資計画もあり、新規投資の総額は 200 億豪ドルを超える。民営化発表後の 2015 年 11 月に作成された試算によれば、200 億豪ドルの新規インフラ投資により、NSW 州の GSP（Gross State Product、州内総生産）は向こう 20 年間で総額 3,000 億豪ドル増加する。これは 2014/15 年度の GSP の約 6 割に相当する。2035/36 年度の GSP はインフラ投資がない場合に比べ GSP の水準を 3.6％押し上げる効果を持つ[23]。

　NSW の一般州政府部門の純債務（General Government Sector net debt）は 2015 年 6 月末で約 55 億豪ドルであった。トランスグリッドのリース契約後の 2016 年 6 月末時点では、ネット債務がゼロとなり、続くオースグリッド、エンデバーエナジーの契約後の 2017 年 6 月末時点ではマイナス 93 億豪ドルとなっている（図9-6）。

図9－6．NSW州のネット債務とネット債務の州内総生産 (GSP) に占める比率

(10億豪ドル)

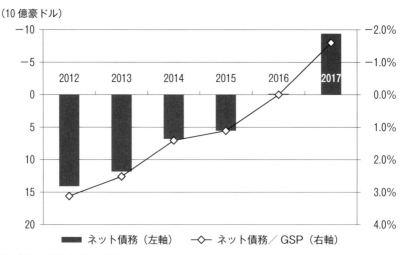

　一方で、政策としてのARIに対してはオーストラリア国内から批判的な意見があがった。2015年3月、オーストラリア連邦議会の上院経済参考委員会（Australian Senate Economics References Committee）がARIに関して専門家等にヒアリングを実施し、報告書を発表している[24]。同報告書では、「ARIのインセンティブによって、パブリック・コンサルテーションやコミュニケーション戦略および将来コストの適切な考察・分析なしに民営化が推進される」ことが懸念されている。つまり、インセンティブ付与が先着順であることや新規インフラ建設を期限内に着手することが条件であるために、十分な検討や住民への説明もないまま地方政府が民営化を推進してしまうリスク、あるいは国全体で検討すべきインフラ投資の優先度や資金配分を歪ませる可能性がある、ということである。

○アセットリサイクリングの評価

　NSW 州の民営化案件では、オーストラリア国内にインフラ投資におい
て経験豊富なファンド、その資金の出し手である投資家、特に年金基金の
存在とそれらの旺盛な投資需要が成功の要因の1つであったといえよう。

　民間セクターからのインフラ投資という観点でみた場合、新規のインフ
ラ投資プロジェクト（グリーンフィールド）よりも、すでに安定したキャッ
シュフローがある既存のインフラ資産（ブラウンフィールド）のほうが好
まれる。一方、国や地方自治体が民間セクターの資金を呼び込みたいのは
新規のインフラ建設であることが多い。このギャップを埋めるアイデアと
して、アセットリサイクリングは検討に値する。特に「新しいインフラを
建設するために、既存の公的インフラを民営化する」という説明は納税者
でもある住民には受け入れやすいのではないだろうか。

　もちろん、どのインフラ資産をどのタイミングで民営化するのかについ
ては、十分な検討と説明が必要である。また、その売却資金が適切に新規
のインフラ投資に使用されたことを公開することも求められよう。NSW 州
のように専用基金を設立し、透明性を担保することも1つの方策と考えら
れる。

　また、投資対象としてのインフラに対する機関投資家の需要は高まって
おり、インフラファンドにとっては、先進国のブラウンフィールド案件を
中心に優良な案件に参加するための競争が激化している。非上場インフラ
ファンドにおけるドライパウダー（dry powder：投資コミットメント額の
うち、投資に回っていない資金）が 2017 年 6 月時点で約 1,500 億米ドルに
達しているというデータもある[25]。また、10 億米ドルを超える規模の案件
はグローバルでみてもそれほど多くはなく、オースグリッドの案件は 2016
年のユーティリティ分野で世界的に見ても最大の案件であった[26]。このよ
うな需給環境のなかで、アセットリサイクリングによって、安定した地域

の優良なインフラ資産、しかも規模の大きな案件への投資機会が開かれることは、投資家にとって非常に魅力的といえよう。

○民営化における利用者への配慮

NSW州の案件では、公共セクターが保有するインフラ資産、特に日常生活に重大な影響を及ぼす電力や水道のようなインフラ事業を民営化する場合に参考となる点が多い。

① サービス提供の安定的継続

② 料金水準の維持／引き下げ（購入者との契約締結）

③ 売却代金の使途の透明性の確保（専用ファンドの利用）

特に①においては、売却先（リース先）の属性に対して、安全保障や利用者である住民への配慮が必要となる。その意味で地域の送配電会社の契約先が年金基金および年金基金を株主とする資産運用会社になったことは地域住民に安心感を与えたと言えるのではないだろうか。

長期の契約に対応できる年金基金は、インフラ投資において重要な投資家である。実際、世界のインフラ投資の約3分の1は年金基金が占めている（図9－7）。

インフラ資産は、その特性から年金基金の運用対象として適応性が高い。しかし、それ以上に社会インフラの民営化においては年金基金のもつ「安心感」が重要な意味を持ってくる。なぜなら、住民の生活や国の安全保障に重大な影響を及ぼす公的なインフラ事業の民営化には経済合理性だけでは判断出来ない複雑かつデリケートな問題が含まれるからである。

極端な例えではあるが、地方自治体が運営する水道事業を民営化した結果、その新しい民間の運営主体が自らの利潤追求のために水道料金を大幅に値上げし利用者に負担を強いる、さらに採算が取れないと撤退してしまう、そのような不安を利用者である住民が抱くようであれば民営化は難し

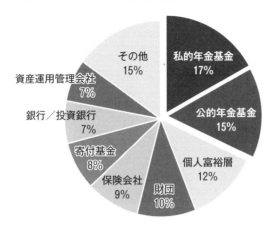

図9−7．インフラ投資主体別比率（グローバル）

（注）機関投資家数ベース。2017 年 1 月時点。
（出所）「2017 Preqin Global Infrastructure Report」より作成。

い。まさに「売り手よし、買い手よし、世間よし」の「三方よし」の仕組
みが必要となる。

注

(1) H.R.1-An Act to provide for reconciliation pursuant to titles II and V of the concurrent resolution on the budget for fiscal year 2018.

(2) 法律成立までのストーリーについては、"An Unlikely Group Of Billionaires And Politicians Has Created The Most Unbelievable Tax Break Ever", Forbes, July 18, 2018. を参照（日本語版：「全米の『貧困と犯罪の町』を蘇らせよ！という新しい再分配」フォーブスジャパン、2019 月 3 月 25 日）。

(3) Economic Innovation Group, "Unlocking Private Capital to facilitate Economic Growth in Distressed Areas", April 2015.

(4) ここでの「地域」とは、国勢調査区域（population census tracts）を指す。

(5) 当初 94.5％であったが、2018 年 12 月に 2 つの区域が追加となり 98％となった。

(6) Economic Innovation Group, "The State of Socioeconomic Need and Community

Change in Opportunity Zones", December 19, 2018.

(7) National Council of State Housing Agencies.

(8) "IRS issues guidance relating to deferral of gains for investments in a qualified opportunity fund", April 17, 2019.

(9) Economic Innovation Group, "Opportunity Zones: Tapping into a $6 Trillion Market", March 21, 2018.

(10) The Brookings Institution, "Will Opportunity Zones help distressed residents or be a tax cut for gentrification?", February 26, 2018.

(11) シドニー北部とシドニー中心部の商業地区を結ぶ海底トンネルのPPP（Public-Private Partnership）。工期5年（1987-1992年）、事業契約期間30年（1992-2022年）、契約額7.49億豪ドル。日本の熊谷組と豪州企業（Transfield）のジョイントベンチャー（出資比率50：50）が契約。

(12) The Business Council of Australia, "Securing Investment in Australia's Future: Infrastructure Funding and Financing", November 2013.

(13) "Australia Pitches Trump on a Plan to Fix America's Roads and Bridges", Bloomberg, August, 10, 2017. 等

(14) "Asset Recycling Fund Bill 2014 [and] Asset Recycling Fund (Consequential Amendments) Bill 2014", Parliament of Australia.

(15) 2015年3月のNSW州選挙時のABCの調査によると、郡部（country areas）では民営化反対が6割を占めた。

(16) 送配電料金は家庭用電気料金の一部として徴収される（一般的に電気料金の35〜55％を占める）。

(17) Ernst & Young, "Electricity network services – Long-term trends in prices and costs", 2014. 本レポートはNSW州財務省の依頼で作成されたものである。

(18) 応札企業は非公開だが、中国国有の送電大手「国家電網」と香港のインフラ大手「長江基建集団」が有力と報道されていた。

(19) "豪政府、電力公社の中国企業への売却阻止「安全保障上の懸念」"、ロイター、2016年8月12日。

(20) Foreign Acquisitions and Takeovers Act 1975. 国益に反するかどうかの判断については法律に定義はなく、「連邦財務大臣が国家安全、競争、他の豪州政府

の法律および政策、経済と地域社会への影響および投資家の属性等から判断する」とされている。

(21) SWF（Sovereign Wealth Fund）ソブリン・ウエルス・ファンド。政府が出資する投資ファンド。

(22) NSW Budget Paper No. 2 Infrastructure Statement 2017-18.

(23) Deloitte, "Economic Impact of State Infrastructure Strategy – Rebuilding NSW", November 2014.

(24) Australian Senate Economics References Committee, "Privatisation of state and territory assets and new infrastructure," March 19, 2015.

(25) Preqin "Infrastructure Fund Manager Outlook, H1 2018".

(26) Preqin "2017 Preqin Global Infrastructure Report".

コラム　船員育成のために「実務型練習船」を投入

　日本の貿易の99.6%は海上輸送が占めている。そして、内航海運は、国内貨物輸送全体の約4割、産業基礎物資輸送の約8割を担っており、わが国の国民生活や経済活動を支える基幹的輸送インフラである。内航海運は、同じ重さの貨物を運ぶ際に排出するCO_2量がトラックの1/6以下と環境に優しい輸送機関でもある。

　この内航海運を担う船員（内航船員）の人数は減少傾向にある（図）。加えて、50歳以上の船員が5割を超えるなど高齢化が進展しており、将来の内航海運の担い手不足が懸念されている。内航船の減少は市民生活にも影響を及ぼしかねない。今後の事業継続に支障が生じないよう、若年船員の確保・育成が必要とされている。

船員数の推移

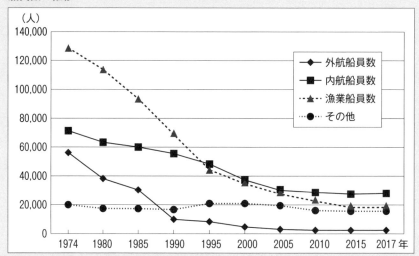

（注）海事局調べ（2005年までは船員統計）。
　　　船員数は乗組員数と予備船員数を合計したものであり、わが国の船舶所有者に雇用されている船員。
　　　その他は引船、はしけ、官公署船等に乗り組む船員数。
　　　船員数は外国人船員を除いた数字。
（出所）国土交通省。

海技免状を取得して船員になるには、最短でも海技学院にて 4.5 カ月の養成講座を受講し、6 カ月間の乗船勤務を経験する必要がある。中小零細船主が多い内航海運業界では、定員数以上の船室を設置していない船舶が多く、かつ、当該船室を設置するための改造を進めることも容易ではない。また指導する船員の経験・ノウハウや負担の観点から、意欲があっても、新たな船員の採用・育成が困難なことも大きな課題となっている。

　こうした問題の解決手段の 1 つとして、日本製鉄の子会社である日鉄物流（本社東京都中央区）は通常の鋼材貨物船として運航しながら、同時に船員育成・確保にもつながる「実務型練習船」を建造することを発表した*。この練習船は、新たな船員の実務環境を整備し育成できるよう、指導員 1 名と練習生最大 5 名が乗船できる居住区を確保している。居住区の拡大により一般の同型船よりも貨物の積載量効率が下がってしまうが、荷主（日本製鐵）が「確実な船員の採用・育成が安定輸送に不可欠である」と判断したとされる。同時に、内航海運業界の将来を担う航海士や機関士の候補者がこの練習船への乗船を通じ、船員という職業に魅力を感じてもらうこと、また教わる側・教える側が乗務にやりがいを感じ、成長を共感できる場とすることを目指している。実務経験に加え、既存の船員にもやりがいを与えるという効果もある。

実務型練習船

*日鉄物流株式会社「内航船員育成を目的とした実務型練習船の建造について」2020 年 3 月 5 日。

コラム　首相　ホテルに直談判

　2020年4月7日、安倍晋三首相は「現状ではまだ全国的かつ急速な蔓延には至っていないとしても、医療提供体制が逼迫している地域が生じていることを踏まえれば、時間の猶予はない」として改正新型インフルエンザ対策特別措置法に基づく緊急事態宣言を発令した。

　厚生労働省が3月6日付で公表した推計式に基づくデータでは東京都内でコロナ患者を受け入れる感染症指定医療機関の病床数は100床程度にとどまっていた。

　入院患者を重症者らに限らなければ医療機関がパンクすると判断した政府は3月28日に決定した基本的対処方針に、感染拡大地域の無症状者や軽症者は自宅や宿泊施設などで療養させることを盛り込んだ。改正新型インフルエンザ対策特別措置法は、海外で新型インフルエンザが流行した場合、入国者の滞留施設としてホテルを所有者の同意なしに使えると明記している。厚生労働省はホテル業界に「いざとなれば強制的に使うことだってできるので、受け入れに協力してくれないか」とあらかじめ打診してきたが、いろよい返事をしてくれるホテルはほとんどなかったという。どこのホテルも風評被害を恐れ、また実際にホテルを使うとなれば、運営にあたるスタッフの協力も不可欠である。そうした状況の中で安倍首相は自ら軽症者の受け入れ先となるホテルの確保に動いた。安倍首相から直接電話を受けたアパホテルグループの元谷外志雄代表から「1万床は出せる」との言質を得た。日本最大級

の横浜ベイタワーをはじめ全国8棟あまりのアパホテルを宿泊療養施設として、新型コロナウイルス無症状者および軽症者等を受け入れた。

＊『読売新聞』2020年5月30日による。写真提供はアパホテル。

図表一覧

引用参考文献

Andreoni, James, "Giving with impure altruism: Applications to charity and Ricardian equivlence", *Journal of Political Economy*, 97, pp.1447–1458, 1989.

――――, "Impure altruism and donations to public goods: Atheory of warmglow giving", *Economic Journal* 100, pp.464–477, 1990.

――――, "Toward a theory of charitable fundraising", *Journal of Political Economy* 106, pp.1186–1213, 1998.

Arrow, Kenneth J., "Optimal and voluntary income distribution", In: *Economic Welfare and Economics of Soviet Socialism: Essays in Honor of Abram Bergson*, Cambeidge Univesity Press, pp.267–288, 1981.

Becker, Gary. S., "Altruism in the Family and selfishness in the market place", *Economica* 48, pp.1–5, 1981.

Bergsteom, T., Blume, L., Vsrian, H., "On the private provision of public goods", *journal of Public Economics*, 29, pp.25–49, 1986.

Clarke, Edward, "Multipart Prublic Goods", *Public Choice* 2, pp.19–33, 1971.

Coase, Ronald, "The Problem of Social Cost", *Journal of Law and Economics*, 3, pp.1–14, 1960.

Defoumy, J. and Nyssens, M., "Conceptions social enterprise and social entrepreneurship in Europe and the United States: convergences and divergences", *Journal of Social Entrepreneurship*, 1: 1, 2010.

――――, "The EMES Working PaPer, no.12–03, 2012.

Diamond, Peter, "Optimal tax treatment of private contributions for public goods with and without warm glow preferences", *Journal of Public Economics*, 90, pp.897–919, 2006.

Duncan, Brian, "A theory of impact philanthropy", *Journal of Public Economics*, Vol.88, pp.2159–2180, 2004.

Feldstein, Martin, "The income tax and charitable contributons: Part I – aggregate and distributional effects", *National Tax Journal*, Vol.28, No.1, pp.81–99, 1975.

――――, "The income tax and charitable contributons: Part II – the impact on religious, educational and other organization," *National Tax Journal*, Vol.28, No.2, pp.209–226, 1975.

Groves, Theodore, "Incentives in Teams", *Econometrica*, 41, pp.617–631, 1973.

Ismail, Maimunaha, "Corporate responsibility and its role in community development: an international perspective", *Journal of Internaional Social Research*, Vol.2, pp.199–209, 2009.

Mercier Ythier, Jean, "Merit Goods in a utilitarian framework", *Review of Political Economy*, Vol.18, iss4, pp.509–520, 2006.

Mercier Ythier, Jean, "The Economic Theory of Gift-giving: Perfect Substitutability of Transfera and Redistribution of Wealth", In: Kolm, S. –Ch. And Mercier Ythier, J. ed. *Handbook of the Economics of Givung, Altruism and Reciprocity*, Volume 1, Elsevier B. V., pp.228–369, 2006.

Samuelson, Paul A., "The pure theory of public expediture", *Rcview of Economics and Statistics 36*, pp.378–389, 1954.

Shiozawa, Shuhei, "Philanthropy as a Corporate Strategy", *Jopanese Economic Review*, Vol. 46. No.4, pp.367–382, 1995.

————, "Philanthropy, NPO, Public Sector and Social Benefit", *Nonprofit Review*, Vol.12, No.1, pp.1–8, 2012.

————, "Enlightened self interest and philanthropic activities by private firms", *Scottish Journal of Arts, Social Sciences and Scientific Studies*, Vol,11, No.1, pp.75–86, 2013.

————, "A microeconomic formulation of social enterprises", Scottish Journal of Arts, *Social Sciences and Scientific Studies*, Vol.18, No.1, pp.12–23, 2014.

————, "A microeconomic formulation of financial support for cultural and artistic activities", *Scottish Journal of Arts, Social Sciences and Scientific Studies*, Vol.26, No.2, pp.149–167, 2015.

Stiglitz, Joseph, E., *Economics of the public sector*, 3rd ed. W. W. Norton & Company, 2000.

Szymanska, A., Jegers, M., "Modelling social enterprises", *Annals of Public and Cooperatiue Economics* 87: 4, pp.501–527, 2016.

Warr, Peter, G., "Pareto optimal redistribution and peivarity", *Journal of Public Economics* 19, pp.131–138, 1982.

————, "The private provision of a public good is independent of the distribution of income", *Economics, Letters*, 13. pp.207–211, 1983.

Weber, Max., "Die protestantische Ethik und der Geist der Kapitalisums" 1920

（M. ウェーバー著、大塚久雄訳『プロテスタンティズムの理論と資本主義の精神』岩波書店、1989 年）.

Yildrim, Huseyin "Andreoni-McGuire algorithm and the limits of warm-glow giving", *Journal of Public Ecomomics*, 114, pp.101-107, 2014.

安藤範親「社会的責任投資（SRI）の現状と課題『農林金融』2010 年 10 月、22－33 頁。

伊吹英子『CSR 経営戦略』東洋経済新報社、2009 年。

今田忠・林雄二郎編『フィランソロピーの思想』日本評論社、2000 年。

内山直人『ノンプロフィットエコノミー』日本評論社、1997 年。

塩澤修平『社会貢献の経済学――NPO とフィランソロピー』芦書房、2018 年。

塩澤修平・石橋孝次・玉田康成編著『現代ミクロ経済学　中級コース』有斐閣、2006 年。

塩澤修平・山内直人編著『研究の課題と展望　2000』日本評論社、2000 年。

渋沢栄一『論語と算盤』1916 年（守屋淳現代語訳、筑摩書房、2010 年）。

竹下智「豪州のインフラ民営化における 2 つの工夫―アセットリサイクリングと年金基金による共同インフラ投資―」『野村資本市場クォータリー』2018 年春号。

竹下智「ミュンヘン再保険のインシュアテック戦略―ビッグデータの『窓』としての保険会社―」『野村資本市場クォータリー』2018 年秋号。

竹下智「『農業・食』×『IT』×『金融』が描く未来― AgriFood Tech と FinTech を融合するスタートアップ―」『野村資本市場クォータリー』2019 年夏号。

竹下智「米国の『オポチュニティゾーン』プログラム―税のインセンティブとファンドで低所得地域の活性化を図る―」『野村資本市場クォータリー』2019 年夏号。

竹下智「スタートアップ投資のフロンティアとなりつつある宇宙関連ビジネス」『金融・資本市場レポート』2020 年 4 月 30 日。

西山賢吾「日本での ESG への取り組みと課題―企業統治改革を中心に―」『財界観測』2019 年 4 月。

本間正明編『フィランソロピーの社会経済学』東洋経済新報社、1993 年。

●著者紹介

塩澤　修平（しおざわ・しゅうへい）

　慶應義塾大学大学院経済学研究科修士課程修了、米ミネソタ大学にて Ph.D.（経済学博士号）取得。パリ政治学院客員研究員、慶應義塾大学経済学部教授、慶應義塾大学通信教育部長、慶應義塾大学経済学部長、内閣府国際経済担当参事官、日本NPO学会理事など歴任。現在、慶應義塾大学名誉教授、東京国際大学学長。専門は理論経済学など。

　著書に『熟年人生の経済学』慶應義塾大学出版会、『現代金融論』創文社、『経済学・入門』有斐閣、『デフレを楽しむ熟年生活』講談社、『説得の技術としての経済学』勁草書房、『基礎コース　経済学』新世社、『社会貢献の経済学　NPOとフィランソロピー』芦書房、『現代ミクロ経済学　中級コース』有斐閣（共編著）、『ふるさと投資ファンド』慶應義塾大学出版会（共著）、『基礎から学ぶミクロ経済学』新世社（共著）ほか多数。

竹下　智（たけした・さとし）

　慶應義塾大学経済学部卒業、野村證券入社。大蔵省財政金融研究所（当時）、野村総合研究所、野村證券（金融経済研究所、投資銀行部門、経営企画部、人事部）を経て現在、野村資本市場研究所主任研究員。専門は企業金融、スタートアップ、オルタナティブ投資など。論文に「加速する米国金融機関における IT 人材の確保」『週刊金融財政事情』（2019 年 3 月 18 日号）、「米国『オポチュニティゾーン』プログラムから学ぶ地方再生」『週刊金融財政事情』（2019 年 10 月 28 日号）、「『農業・食』×『IT』×『金融』が描く未来」『野村資本市場クォータリー』（2019 年夏号）、「上場・非上場の垣根を飛び越えるクロスボーダー投資」『野村資本市場クォータリー』（2020 年冬号）、「『起業家の宇宙時代』を支える新産業育成の仕掛け―X プライズ、NASA、ルクセンブルクの事例」『金融・資本市場レポート』（2020 年 5 月）ほか多数。

社会問題は「ビジネス」が解決する

■発　行——2020 年 6 月 30 日
■著　者——塩澤修平・竹下　智
■発行者——中山元春
■発行所——株式会社 芦書房　〒101-0048 東京都千代田区神田司町 2-5
　　　　　　　　　　　　　　　電話 03-3293-0556／FAX 03-3293-0557
　　　　　　　　　　　　　　　http://www.ashi.co.jp
■印　刷——モリモト印刷
■製　本——モリモト印刷

ISBN978-4-7556-1311-1 C0033